中國傳統文化常識
上冊

　　我一貫主張，中小學語文教學的根本任務是組織和指導學生學習語言，即學習作者如何運用語言文字來表情達意、敘事狀物。學好語言的主要手段是培養語感，要實施語感教學。語文界同行據此稱我為「語感教學派」是有道理的，是頗為確當的。

　　我還認為，語言存在著三個層級：即「精粹語言」、「目標語言」和「夥伴語言」。所謂「精粹語言」，指的是內蘊著傳統文化精髓的古漢語精品語言。所謂「目標語言」，指的是用現代漢語表達（或翻譯）的高於學習者（中小學生）語言發展水平，有豐富文化內涵的精品語言。所謂「夥伴語言」，指的是相當或略高於學習者語言發展水平的語言（含語言成品）。在我主編的中小學語文實驗課本（開明版）中，我是把分量相當重的古典詩文單獨編成一冊，取名《誦讀》而加以強調的！我認為古典詩文不僅是中華傳統文化極為重要的組成部分，而且是中華民族文化的根。作為中小學生，掌握一定量的古典詩文，不僅是學好語文所必須，也是健康成長不可或缺的珍貴的精神養料。

　　令人欣慰的是，我的這些認識和主張得到了一些朋友的認同和響應，並在全國許多地方弄出不小的響動，紛紛「揭竿而起」，開展起

語感教學研究與實驗來。走在最前列的，南方當屬鄭映通局長領導下的深圳市寶安區各中小學了。其中給我留下深刻印象的是寶安區崛起教育集團董事長林良浩先生。他心繫教育，高瞻遠矚，十幾年來始終關注和組織著這項改革實驗，近幾年又全方位開展了經典蒙學的誦讀活動。在其集團轄屬各學校領導和全體語文教師的共同努力下，這項教改實驗取得了令人矚目的成績，也從而豐富和發展了語感教學的理論和實踐。所以我對崛起教育集團的同仁始終懷著深深的敬意和謝意！

正是由於有了對待傳統文化的情結和那份熱忱，當我拿起《中國傳統文化常識》的本子時，我倍感親切，並且急切地瀏覽起來。

這是一本合格的工具書，是以中小學生、社會人士為主要讀者的實用的必備工具書。可以想見，編輯者是懷著對下一代怎樣熾熱的感情，花費怎樣多的精力，才從浩繁的國學知識中細心甄別、整合而成為這本小書的！

這是一本有益於學生課堂學習的書，可以幫助學生拓展知識，開闊視野，有助於學生成才。

我的朋友林良浩先生撥冗主編這本書，體現了他對後代成長的關切，也表明崛起教育集團轄屬各學校一以貫之地重視傳統文化的傳承，重視中小學生精神家園的建設。

我會成為這本書的熱心讀者，也希望廣大的師生們、社會人士和我一樣成為這本書的熱心讀者。

二〇一〇年三月十七日
（作者係享受國務院特殊津貼專家、特級教師）

目 錄
CONTENTS

第二編　古典文學

四・歷代作家作品

- 風騷
- 《詩經》
- 屈原
- 屈宋
- 賈誼
- 司馬相如
- 枚馬
- 東方朔
- 揚雄
- 漢賦四大家
- 蔡琰
- 《古詩十九首》
- 三曹
- 曹操
- 曹丕
- 曹植
- 建安七子
- 竹林七賢
- 嵇康
- 阮籍
- 三張二陸兩潘一左
- 陸機
- 左思
- 陶淵明
- 謝靈運
- 鮑照
- 謝朓
- 庾信
- 《世說新語》
- 初唐四傑
- 王勃
- 楊炯
- 駱賓王
- 盧照鄰
- 陳子昂
- 邊塞詩派
- 山水田園詩派
- 王昌齡
- 王維
- 孟浩然
- 李白
- 杜甫
- 白居易
- 元稹
- 韓孟
- 韓愈
- 柳宗元
- 劉禹錫
- 賈島
- 李賀
- 杜牧
- 李商隱
- 花間詞派
- 溫庭筠
- 韋莊
- 南唐二主
- 李璟
- 李煜
- 馮延巳
- 范仲淹

第三編　漢語漢字

一·漢語漢字知識

·結繩記事　　·刻契記事　　·圖畫文字　　·六書

第四編　姓名與稱謂

第五編　禮制與職官

第七編　天文與曆法

第八編　地理與交通

一・地理

第十編　教育與科舉

第十一編　書法與繪畫

第十三編　科技與體育

第十四編　歷史與文化傳播

第一編

思想文化

中國傳統文化最精深的部分為思想文化。春秋戰國時期，思想家蜂起，百家爭鳴奠定了中國思想文化的基礎形成了儒家和諸子百家。漢代佛教傳入，道教興起，中國思想文化更加豐富了。中國思想文化最鮮明的特色是：以儒家思想為主導，道家、法家佛教、道教等眾多思想相容並包，形成精深博大的思想文化景觀。

■ 儒家

儒家思想是中國古代的主流思想，儒家文化是中國傳統文化最重要的部分。古人的政治觀、人生價值觀、思維方法、日常行為等各個層面，都深深地打上了儒家文化的烙印。

・十三經

儒家經典的集大成總集，在宋代最後確立。具體指《周易》、《尚書》、《詩經》、《周禮》、《儀禮》、《禮記》、《春秋左傳》、《春秋穀梁傳》、《春秋公羊傳》、《孝經》、《論語》、《孟子》、《爾雅》。清代阮元主持刊刻的《十三經註疏》，被認為是標準的十三經文本。

・五經

形成於先秦時期的五部重要文化典籍，因曾經過孔子等儒家學者整理和加工，融入了不少儒家思想，因此自漢以來一直被尊奉為經典。「五經」具體所指，西漢為《詩經》、《尚書》、《周易》、《儀禮》、《春秋》，後世一般改《儀禮》為《禮記》，改《春秋》為《左傳》。

· 四書

「四書」的名稱始於宋代，指《大學》、《中庸》、《論語》、《孟子》，是瞭解儒家思想最簡明的讀本。因朱熹作注，撰成《四書章句集注》一書，後世奉為科舉取士的教科書。「四書」是古代讀書人的知識基礎。

· 《大學》

「四書」之一，原為《禮記》中的一篇。「大學」原指王公貴族子弟十五歲以後求學的學校。「大」，指大人，即成年人。「學」，指學校。據說，早期的貴族子弟八歲入「小學」，到十五歲以後，可入「大學」，主要學習如何成為聖人、如何治國。《大學》的核心內容為「三綱領」和「八條目」。「大學之道在明明德，在親民，在止於至善。」這是「三綱領」，是學習的目標。格物、致知、誠意、正心、修身、齊家、治國、平天下，稱為「八條目」，是實現「三綱領」的路徑與步驟。

· 《中庸》

「四書」之一，原為《禮記》中的一篇。《中庸》的作者據傳是子思（孔子之孫）。《中庸》以「中庸」、「誠」為核心概念和基本思想，其中還提出了與學習有關的理論，如「尊德性，道問學」、「博學之，審問之，慎思之，明辨之，篤行之」等重要思想。

· 《論語》

孔子及弟子研習學問、探討人生、研究社會等的記錄，全書共二十篇，採用語錄體寫作。該書語言樸實，所講道理淺近，但又集中反映了孔子的基本思想。它是歷代讀書人的基本教材。其影響已遠及世界各國，如在美國，二十世紀五〇年代就將《論語》列入世界十大名著的名單；有關圖書館根據譯本之多、流傳之廣論定《論語》為世界上僅次於《聖經》的典籍。後世最重要的注本除朱熹的《四書章句集注》外，還有清劉寶楠的《論語正義》。

· 《孟子》

孟子的言論彙編，由孟子及其弟子共同編成，全書七篇。此書所說的「仁」、「義」，源於孔子，但有所發展；所說的「性善論」，對宋代以後的思想影響很大；所強調的「浩然之氣」，是中華民族精神的寶貴財富。此書有東漢趙岐的《孟子注》和朱熹的《四書章句集注》。宋代被列入「四書」。明朱元璋對其中的「民貴君輕」及反對暴政等觀點極為不滿，令刪去這類段落而有《孟子節文》，降低了此書的思想價值。

· 《周易》

儒家「五經」之一，漢代以來被尊為群經之首。包括經、傳兩部分，前者稱為《周易古經》，後者稱為《易傳》。此書以六十四卦的符號形式和陰、陽思想概括宇宙萬物，解釋人事各種現象，包含有很豐富的哲學思想，提出了「天行健，君子以自強不息」、「地勢坤，

君子以厚德載物」等許多重要思想觀點。

‧《尚書》

我國最古老的一部歷史文獻，錄載了自堯、舜至秦穆公時候的一些檔案文獻，據傳曾經過孔子編定，漢代列入「五經」。《尚書》保存記錄了夏、商、週三代的部分思想資料，首創中華大一統的思想，提出了人本思想、德治思想，這些對後世有重要影響。

‧三禮

《周禮》、《儀禮》和《禮記》的合稱。《周禮》是記載周代官制、軍制、田制、稅制、禮制等國家政治制度的重要典籍。《儀禮》是記載早期朝覲聘問、冠婚喪祭以及揖讓周旋等禮節儀式的典籍。《禮記》是秦漢以前儒家各種禮儀著作選集，其中的《大學》與《中庸》兩篇後被取出與《論語》和《孟子》合編為「四書」，另有《學記》、《樂記》分別是中國古代教育理論、音樂理論的重要篇章。

‧春秋三傳

《春秋》是「五經」之一，是孔子對魯國的國史進行整理、加工而編成的，記事非常精約，又包含有很深的意旨，此即「微言大義」或「春秋筆法」。後來出現了三種發揮、解釋和補充的書，即《春秋左氏傳》、《春秋公羊傳》和《春秋穀梁傳》，合稱為「春秋三傳」，此三書同時列入「十三經」。其中《公羊傳》和《穀梁傳》主要就《春秋》的文字推闡其「微言大義」；《左傳》則屬於史書，詳於記事，補充了《春秋》所不載或不詳載的史實。

·玄學

魏晉時期興盛的哲學思想。玄學主要圍繞《老子》、《莊子》和《周易》三書展開討論，探討天地萬物存在的根據等抽象的哲學問題。魏晉重要的玄學家有何晏、王弼、阮籍、嵇康、向秀、郭象等。其中，王弼是最有才情、最能代表玄學風範的哲學家。

·宋明理學

宋、明兩代形成和興盛的哲學思想。宋明理學最主要的兩大派別是程朱理學和陸王心學，前者代表人物由北宋程顥、程頤兄弟開創，南宋朱熹集大成，重視《大學》中的「格物致知」的思想，思想較為精密；後者代表人物為南宋陸九淵和明代王守仁，基本觀點是「心即理」，思想較為簡要，對明代中後期的個性解放思潮有一定影響。

·孔子（前 551-前 479）

名丘，字仲尼。魯國昌平鄉（在今山東曲阜）人。儒家的創始人。曾出仕於魯國和齊國，後因政見不合，棄官，率弟子周遊列國，經歷過多次危難險境，仍然無法實現政治抱負。晚年回到魯國，在教育弟子和整理文化典籍上繼續奮鬥不息。孔子在教育方面設有德行、言語、政事、文學四科，弟子前後有三千之眾，其中有七十二高足，形成儒家學派。孔子用畢生心血整理了一批文化典籍。這些典籍成為中國文化的基礎，對塑造中華民族的文化性格具有十分重要的意義。

・孟子（前 372-前 289）

名軻，字子輿，又字子車、子居。魯國鄒（今山東鄒縣東南）人。儒家學派的重要代表。孟子三歲喪父，孟母教育甚嚴，「孟母三遷」、「孟母斷織」等故事，成為後世母教典範。孟子曾遊說各國，尋找從政的機會，晚年回到故國與弟子一起著書。孟子有很鮮明的民本思想，「民為貴，社稷次之，君為輕」是他著名的思想觀點。孟子反對暴政，極力宣揚仁政學說，敢於以傲岸不屈的人格與各國國君相對。孟子還提出「人皆可以為堯舜」的主張，以「人性善」的觀點表明他對人的自信，強調人可以自我主宰的主張。

・荀子（前 313-前 238）

名況，字卿，後因避漢宣帝諱，改稱孫卿。趙國猗氏（今山西新絳）人。戰國末期儒家思想家。荀子在繼承前期儒家學說的基礎上，吸收各家思想資源加以綜合、改造，形成禮法兼治、王霸雜用的政治思想。所以，荀子的弟子中出現了法家集大成者的韓非子以及著名政治家李斯。《荀子》一書集中反映了荀子的哲學思想、政治思想。其中的《勸學篇》集中論述了關於學習的見解，是很有影響的名篇。

・董仲舒（前 179-前 104）

漢代儒家學者、政治家。廣川人（今河北景縣）。景帝時曾立為博士。武帝時上《天人三策》，提出「罷黜百家，獨尊儒術」，以「儒治代替秦以來的法治」之諫言。其意見部分為漢武帝所採納，儒家思想從此成為漢代的官方統治哲學。今存的《春秋繁露》宣揚「天人感

應」的思想，一般認為也是他的著作。

・王弼（226-249）

字輔嗣，山陽高平（今山東鄒城、金鄉一帶）人。魏晉玄學理論的奠基人，有「一代談宗」之稱。王弼只活了二十四歲，但所著的《周易注》、《周易略例》、《老子注》、《老子指略》等著作，卻長期享有極為重要的地位。有學者認為：王弼哲學的誕生，是整個中國思想史乃至全部中國文化史上最重要的一個轉折點。

・北宋五子

北宋思想家邵雍、周敦頤、張載、程顥、程頤並稱為「北宋五子」，同為南宋理學的奠基者。

・朱熹（1130-1202）

字元晦，號晦庵，別號紫陽。祖籍婺源（今屬江西），僑寓南劍州（今屬福建建陽）。宋代理學的集大成者，繼承程顥、程頤的學說，建立了一套精密的理學思想體系，後人稱之為「程朱理學」。他將《論語》、《孟子》二書和《禮記》中的《大學》、《中庸》兩篇，合在一起，作了簡明的註解，著成《四書章句集注》，此書後來被列為科舉考試的標準用書。

・陸九淵（1139-1192）

字子靜，號象山。撫州金溪（今屬江西）人。有《陸象山集》。南宋著名思想家，宋明理學的代表。與朱熹齊名而觀點不同，並稱

「朱陸」。所開創的心學，後為明代王守仁所繼承與發展，兩人合稱「陸王」。

· 王守仁（1472-1528）

字伯安，世稱陽明先生。浙江餘姚人。理學家，明代心學的代表。他認為：人只要把先天就有的「良知」彰顯出來，就離聖人不遠了。他又是一位政治家和軍事家。其著作有《王文成全書》，代表他心學思想的為《傳習錄》和《大學問》。

· 李贄（1527-1602）

號卓吾。泉州晉江（今屬福建）人。明代後期思想家。他提出的「童心」說，是明代後期個性解放思想的理論宣言。其著作《焚書》、《藏書》被統治者列為禁書。

· 黃宗羲（1610-1695）

字太沖，號南雷，晚年又自號梨洲老人。浙江餘姚人。明末清初學者，啟蒙思想家。與顧炎武、王夫之並稱「清初三大儒」，又與顧炎武、方以智、王夫之、朱舜水並稱為「清初五大師」。其著作《明夷待訪錄》是重要的思想著作，對專制集權思想給予了猛烈的抨擊。他的《明儒學案》、《宋元學案》是史學名著。

· 顧炎武（1613-1682）

原名絳，字忠清。明亡後改名炎武，字寧人，別號亭林。崑山（今屬江蘇）人。明清之際著名學者，啟蒙思想家，「清初三大儒」

之一。他提出「亡國」與「亡天下」的區別，後人把他的觀點歸納為「天下興亡，匹夫有責」。他主張博古通今，是乾嘉學派的先導者，所著的《日知錄》受到後人重視。

・王夫之（1619-1692）

字而農，號薑（jiāng）齋，人稱船山先生。湖南衡陽人。哲學家，啟蒙思想家，「清初三大儒」之一。明亡後，曾舉兵抗清，晚年隱居於石船山，潛心治學。他在哲學、歷史學、文學等方面都有重要貢獻。現存有《船山遺書》一百多卷，其中《讀通鑑論》、《宋論》是研究歷史的名著。

・戴震（1724-1777）

字慎修，又字東原，安徽休寧人。思想家，清代乾嘉學派的代表。曾任《四庫全書》纂修、翰林院庶吉士之職。被稱為「百科全書式的學者」。在哲學、語言文字學、歷史學等領域均有重要成就，他最精通的是語言文字學。著述有五十餘種，哲學方面以《原善》、《孟子字義疏證》二書最有影響。

在中國古代，儒家之外的其他思想家、思想派別稱之為「諸子」。這些思想家從春秋戰國開始，代不乏人，今天我們統稱之「諸子百家」。諸子百家中，比較重要的，早期有道家、法家、墨家。

☰ 諸子百家

・道家

先秦諸子之一，因為提出了抽象的「道」的概念，因此被稱為道家。代表人物為老子和莊子，思想核心是「自然」、「無為」。道家對社會秩序的抨擊，對個人生命價值的重視，以及老、莊二人極高的藝術才情，都深深地影響和感染著後世文人。

・老子

姓李名耳，字聃。楚國苦縣（今河南鹿邑縣東）人。道家的創始人。據說孔子曾拜他為師。老子晚年見周王室內亂，離官而去，西遊至函谷關，著成《老子》五千言。《老子》，又稱為《道德經》，是一部用詩一般的語言闡述深奧哲學思想的重要著作。

・莊子（前 369-前 286）

姓莊名周。宋國蒙（今河南商丘）人。曾為漆園（宋國之地）吏，但為時不久即歸隱。道家學派的重要代表，與老子並稱為「老莊」。其思想主要集中在《莊子》一書中，唐代曾奉莊子為南華真人，此書也被稱為《南華經》或《南華真經》。莊子是戰國文人中學問廣、才情高、很長於寫文章的人，《莊子》一書不僅闡明了深刻的哲學思想，而且寫得汪洋恣肆，妙語紛呈，藝術形象琳瑯滿目，有很強的藝術感染力。

・墨家

先秦諸子之一，創始人是墨翟，世稱墨子。主要思想體現於《墨子》一書中，主張兼愛（不分親疏、等級的博愛）、非攻（反對侵略戰爭）、尚賢（不分貴賤，唯才是舉）、尚同（上下一心，百姓聽令百官）、非命（不信命，主張掌握自己的命運）、節用（提倡節約，反對奢侈享樂生活）。

・《鬼谷子》

戰國時期鬼谷子著。鬼谷子，姓王名栩，生活在西元前二世紀。他不願為官，過著隱居生活。《鬼谷子》是先秦縱橫家著作，專論政治、外交和交際謀略。此書在朝鮮、韓國、日本等國有深遠的影響。

・《呂氏春秋》

又稱《呂覽》，戰國末期的雜家著作，秦相呂不韋主持編纂。《呂氏春秋》共一百六十篇，以宣揚統一為指導思想，匯合和改造了先秦各派學說。

・《淮南子》

又稱《淮南鴻烈》，西漢淮南王劉安召集門客撰寫的雜家著作。思想大體可歸屬於道家，淡泊無為是其主導性的傾向。

三 佛教與道教

宗教是人類文化的組成部分。季羨林先生在《我和佛教研究》一文中指出：來源於印度的佛教，「傳入中國以後，經歷了試探、適應、發展、改變、滲透、融合許許多多階段，最終成為中國文化、中國思想的一部分」。「拋開消極的方面不講，積極的方面是無論如何也否定不了的。它幾乎影響了中華文化的各個方面，給它增添了新的活力，促其發展，助其成長」。而道教是中國本土的文化產物，魯迅先生在《致許壽裳》一文中指出：「中國根柢全在道教。」可見，對佛教和道教的瞭解是必不可少的。

・佛教

佛教發源於印度，與基督教、伊斯蘭教並稱為世界三大宗教。據傳，在西元前五世紀，大約相當於中國春秋時代，古印度北部的迦毗羅衛國的王子喬答摩・悉達多（後人稱他為釋迦牟尼）為解脫生老病死等諸般痛苦，棄家出走，來到尼連禪河畔的樹林中，坐在菩提樹下苦思冥想。經過六年多，他終於在一個夜裡戰勝了煩惱魔障，洞察了人生真相，獲得了徹底的覺悟。此後，他將自己的證悟向大眾宣說，傳教四十多年，直到八十歲入寂。在他之後，逐漸形成了佛教。

・中國佛教

在中國流傳的佛教各派的總稱。早在西元前一世紀，佛教就傳到了今天的中國新疆地區；東漢以後，又傳到了中國內地。漢末西域名僧安世高、支婁迦讖等先後來到洛陽譯經傳教。南北朝以來，佛教思

想為中國社會各階層所接受，逐漸融入中國文化有機體中，形成了富有鮮明中國特色的宗教，今人稱之為中國佛教。

· 道教

道教是中國固有的本土宗教。中國遠古時代就有人學仙，據說黃帝曾「問道於廣成子」，後來在鼎湖白日乘龍升天。戰國以後，神仙信仰更為普及。齊威王、齊宣王和燕昭王、秦始皇、漢武帝等都曾派方士到海上三神山尋求神仙與不死藥，其規模越來越大。到東漢順帝時，張陵創立了「五斗米道」，又將老子《道德經》奉為經書，道教正式形成。

· 《抱朴子》

道教理論著作，東晉葛洪撰。葛洪（284-364），字稚川，號抱朴子。丹陽句容（今屬江蘇）人。《抱朴子》內篇主要講述神仙方藥、鬼怪變化、養生延年等內容，外篇主要討論人間得失等內容。這套理論將修身與治國融合為一。

第二編

古典文學

中國古代文學是民族心靈的載體，它內容博大，形式多樣，源遠流長。其中詩、詞、文發展最為成熟。詩有古體詩和近體律詩、絕句的區別，詞則有小令、中調、長調三類，文也有古文、駢文兩大類。另有介於詩、文之間的辭賦，因需要押韻，可看做是韻文，但在語言和章法上卻又近於文。

詩、文、辭賦都發源於先秦。辭賦大盛於兩漢；詩至唐而達到巔峰；文在唐宋時期出現高潮，形成「唐宋八大家」的典範。詞和散曲都是音樂文學，前者起源於唐，繁榮於宋；後者發源於宋末，興盛於元代。小說、戲劇的源頭均可追溯到漢代，到唐代具備雛形，興盛於元明清時期。

■ 古典文學名詞

中國古代文學內容博大，發展充分，因此，有關的名詞術語也就顯得異常繁多。這些名詞術語，是學習古代文學時很常用的，我們統一列在這裡，以供學習時查閱之用。

・律詩

又稱為近體律詩，古詩的一種形式。孕育於南朝，定型於唐代，在押韻、對仗、平仄、字句等方面有確定的規則。杜甫、李商隱等都特別擅長於律詩。

・古體詩

又稱為「古風」，古詩的一種形式，古代的自由體詩。唐代律詩

定型以後，指那些學習漢魏六朝詩而寫作的詩。古體詩在押韻、對仗、平仄、字句等方面比較自由隨意。李白、李賀等人喜作古體詩。

・樂府

最初指漢武帝時所設立的音樂機構，其職能為採集各地歌謠，整理、制訂樂譜。後人將這個機構製作、採集的樂歌稱之為「樂府」。漢樂府詩以民歌為多，另外還包括文人製作的可入樂歌曲，大多保存在宋人郭茂倩所編《樂府詩集》中。漢樂府故事性較強，常用比興和鋪陳手法，多描寫人物的語言與行動，有《上邪》、《上山采蘼蕪》、《東門行》、《陌上桑》等名篇。漢樂府民歌《孔雀東南飛》和北朝民歌《木蘭詩》被稱為「樂府雙璧」。魏晉以後，文人襲用樂府舊題或模擬漢樂府寫出的作品稱為「擬樂府」，如唐詩中的《從軍行》、《塞上曲》、《關山月》。杜甫的《兵車行》、《哀江頭》等作品，則為「新題樂府」。

・古文

唐以後文人所說的「古文」，一般是指學習先秦兩漢文章而寫的文章，強調內容的充實、語言形式的規範、表現技巧運用的適度，不過分追求華美。明清以來把範圍擴大到學習唐宋八大家文風的文章。古文是唐宋以後文章的主流。

・辭賦

文體名，發源於「楚辭」而大興於漢代，是沒有音樂伴奏卻有一定節奏、要押韻、慣用鋪陳和主客對話的文學體裁。最早以賦名篇的

是荀子的《賦篇》，宋玉的《高唐賦》、《神女賦》也是初期的賦體作品。司馬相如的《子虛賦》、《上林賦》是漢賦最有代表性的作品。漢賦名家還有揚雄、班固、張衡等。

· 駢文

駢文是和散文相對舉的一種文體，又稱「駢儷文」、「駢偶文」、「四六文」。起源於漢末，形成於魏晉，盛行於南北朝。駢文一般全篇對偶，常為四字句、六字句相互交替，注重詞藻和用典。駢文代表作有南朝孔稚珪的《北山移文》、唐王勃的《秋日登洪府滕王閣餞別序》等。

· 時文

指當時流行的、科舉應試的文體，又稱為「科舉時文」、「制藝」。各時代具體所指不同，唐代指駢文與律賦，明清指八股文。

· 詞的名稱

詞是一種詩歌形式，別名很多，主要有：曲子詞、詩餘、長短句、樂府。

· 詞牌

詞是配樂歌唱的，一首詞需要按某一特定樂譜來寫作，所以作詞稱為填詞，所依據的樂譜稱為詞調。詞調名稱，如「蝶戀花」、「菩薩蠻」、「鷓鴣天」等，又稱為詞牌。

· 詞的形式

詞在形式上一般分為小令詞、中調詞和長調詞三種。小令詞指篇幅短小，一般在五十八字以內的詞。中調詞一般指五十九字至九十字的詞，更長的為長調詞。長調詞有的分三闋，最長的有四闋。長調詞往往又稱之為「慢詞」。晚唐至宋初作家主要寫小令詞，柳永以後中長調詞漸漸發展。

· 詞的分片

詞在體制上與詩突出的不同，在於大多數的詞牌都分片，即全篇分成數段。最少的分為兩段，多的有三段和四段，一段叫一「片」或一「闋」。於是有上片、下片，或上闋、下闋，前闋、後闋，一闋、二闋、三闋、四闋等名稱。

· 志怪小說

記述神仙鬼怪內容的小說，六朝時期比較流行，後世有所衰落，但歷代均有志怪小說。代表作有東晉干寶的《搜神記》、宋張師正的《括異志》和洪邁的《夷堅志》。

· 軼事小說

寫逸聞瑣事的小說，筆法簡略，主人公是現實中的人。代表作有劉義慶的《世說新語》。

· 唐傳奇

唐代出現的文言小說，有豐富的想像和大量虛構的情節，注重刻畫人物形象，情節完整曲折。其中數量最多、成就最高的是描寫婚姻愛情題材的作品，如《鶯鶯傳》、《柳毅傳》、《霍小玉傳》等。另有《枕中記》、《南柯太守傳》等諷刺批判現實之作，《崑崙奴》、《虬髯客傳》等描寫義俠刺客的作品。唐傳奇藝術價值很高，對宋代以後文言小說的發展影響很深。唐傳奇還為後代的戲曲提供了基本素材，如《西廂記》源於《鶯鶯傳》，《倩女離魂》取材於《離魂記》，《紫釵記》取材於《霍小玉傳》等。

· 話本

「說話」是一種類似現代說書的講說故事的民間藝術。「說話」藝人的底本，稱為「話本」。現存最早印行的話本，是明嘉靖年間（1522-1566）洪楩（pián）所刻印的《清平山堂話本》。宋、元話本的文學形式，在明代逐漸引起文人的廣泛關注，文人一方面對舊話本進行整理加工，一方面又模擬話本的形式寫出專供閱讀的話本，後人稱之為「擬話本」。明代擬話本的名作是「三言」和「二拍」。

· 神魔小說

受志怪小說影響形成的小說類型，流行於明清。想像力豐富，往往綜合宗教、神話等民間故事。代表作有吳承恩的《西遊記》、許仲琳的《封神演義》、李汝珍的《鏡花緣》、李百川的《綠野仙蹤》等。

· 世情小說

以描寫日常生活為主的小說，興盛於明清時期。代表作有蘭陵笑笑生的《金瓶梅》、曹雪芹的《紅樓夢》等。

· 才子佳人小說

其故事主角為文人才子和貌美佳人，思想多比較淺薄平庸，但明以來很發達。代表作有名教中人的《好逑傳》、荻岸山人的《平山冷燕》、陳森的《品花寶鑑》、韓邦慶的《海上花列傳》、俞達的《青樓夢》、張春帆的《九尾龜》。

· 歷史演義小說

用通俗的語言敷演戰爭興廢、朝代更替的歷史故事，並以此表明一定的政治思想、道德觀念的長篇小說。代表作有羅貫中的《三國演義》、《隋唐兩朝志傳》、《殘唐五代史演義》和馮夢龍的《東周列國志》。

· 英雄傳奇小說

以塑造英雄人物形象為中心的小說，把英雄人物的傳奇性和現實性、超常性與平凡性結合起來刻畫其性格，以「近人之筆」寫「駭人之舉」。代表作有施耐庵的《水滸傳》。

· 筆記小說

兼有「筆記」和「小說」特點的小說，也是富有散文化特色的小

說。代表作有干寶的《搜神記》、劉義慶的《世說新語》、紀昀的《閱微草堂筆記》。蒲松齡的《聊齋誌異》也有筆記小說特性。

・譴責小說

揭發和披露社會黑暗、政治腐敗的小說，興盛於清末。李伯元的《官場現形記》、吳趼人的《二十年目睹之怪現狀》、劉鶚的《老殘遊記》、曾樸的《孽海花》有「晚清四大譴責小說」之稱。

・元曲

元雜劇和散曲的合稱。兩者都與當時流行的北方音樂結合，故又統稱為「曲」。但雜劇屬於戲劇，有角色，有故事，有科、白、唱；散曲不是戲劇，沒有科白，不用角色表演，和詞的性質相近，是一種新詩體。

・明清傳奇

在宋、元南方戲曲基礎上發展而來的戲劇形態，包括海鹽、餘姚、弋陽、崑山等聲腔及其劇本。明清傳奇的重要作品有元末明初高明的《琵琶記》、明中後期湯顯祖的「臨川四夢」、清初李玉的《清忠譜》、李漁的《笠翁十種曲》、洪昇的《長生殿》和孔尚任的《桃花扇》等。

三 著名古典文學選集

一般人都是從選本開始學習古代文學的，能進入選本的基本上都

是雅俗共賞，能為廣大讀者所喜愛的。當然，選本有好壞，我們這裡推薦的是備受好評的著名選集。

· 《昭明文選》

又名《文選》，中國現存最早的詩文總集，南朝梁昭明太子蕭統延集當時文人共同編訂。選錄自先秦至梁的作品，從體裁上說為各體詩、文、賦等三十八類，形式上都比較講究，都較富辭采。入選作家一三〇位，作品七百餘篇。此書自唐初李善等人註釋後，得到了廣泛的流傳，唐以後的文人往往把它當作學習文學的教科書。杜甫教育兒子要「熟精《文選》理」，宋人諺語也說「《文選》爛，秀才半」，可以看出它在後代的廣泛影響。

· 《玉台新詠》

南朝梁徐陵所編，是《詩經》之後現存第二部詩歌總集。此書是為閨閣女子和對此有興趣的人編選的，所收的詩基本上是有關遊子思婦的內容，「豔歌」色彩明顯，但其中也收錄和保存了《古詩為焦仲卿妻作》（即《孔雀東南飛》）及其他一些民歌，因此，直到今天仍被重視。

· 《唐詩三百首》

清蘅塘退士（孫洙）編選。選編者以普通大眾為讀者對象，在選錄的七十五位詩人（外加無名氏二人）中，以李白、杜甫、王維、李商隱四人入選作品最多。全書三一七首詩都是歷來為大眾傳誦的名作。由於入選作品數量不太大，又特別注重入選作品的經典性、代表

性，所以一直成為唐詩選本中最普及、最受世人喜愛的一種。

·《絕妙好詞》

南宋詞的選本，宋末周密編選。周密是宋後期成就較高的詞人。此選本特別注重詞的藝術性，偏重於婉約、雅正之作，始自張孝祥，終於仇遠，選詞一三二家，共三八五首詞。突出姜夔的地位，收錄有周密本人的詞作。

·《白香詞譜》

清嘉慶年間（1796-1820）舒夢蘭為便於初學入門而編選的詞譜。每詞牌各選錄了一首名作，由唐至清共收詞一百篇。這些詞牌都是較為通用的，不選冷門詞牌，但小令、中調、長調兼顧。為便於初學者學習填詞，每個詞牌還詳細列注平仄韻讀，基本符合詞譜的體例。該書所選的詞都是比較著名的或者藝術性較高的，是一部很受讀者喜愛的詞學入門讀物。

·《宋詞三百首》

宋詞重要選本，近人朱孝臧選編。選編者朱孝臧，原名祖謀，號彊村，為晚清傑出詞人。此書推崇渾厚自然、不見雕琢痕跡的作品，尤其重視吳文英、周邦彥，二人均選錄二十餘首。此外，姜夔、晏幾道、柳永、辛棄疾、賀鑄、蘇軾與晏殊也都選詞較多。今有唐圭璋先生箋注本行世。

· 《古文辭類纂》

有名的古代文章選本，清代姚鼐選編。所選文章以唐宋八大家文章為主，按論辯、序跋等十三種文類編選，共收文章七百多篇。此書問世以後，風行一時。近人徐斯異有評點箋注，另清末王先謙、黎庶昌各編有《續古文辭類纂》。

· 《古文觀止》

清代以來最為流行的古代文章選本之一，清康熙年間（1662-1722）吳楚材、吳調侯選編。收錄上起周代下訖明末的歷代文章二二二篇，其中節選有《左傳》、《國語》、《戰國策》、《禮記》等經典中的部分選段，突出歷代名家，所選文章以散文為主，兼顧駢文、辭賦，以短文為主，適當收錄宏文巨製，兼顧經典性與通俗性。

· 《元曲選》

又名《元人百種曲》，共收元代雜劇九十四種，明初雜劇六種，合為一百種，明臧懋循編。它是迄今為止收錄元人雜劇最多的一部總集，約占現存元雜劇的三分之二，其題材豐富，作家眾多，可以說是瞭解元代雜劇面貌的最為重要的典籍之一。

· 《太平廣記》

保存宋以前文言小說最多的類書，可視為按類編纂的古代小說總集，宋初李昉等人奉敕編纂。唐人傳奇名篇《李娃傳》、《霍小玉傳》、《鶯鶯傳》、《離魂記》、《柳毅傳》、《南柯太守傳》等，或者僅

見於此書，或者為現存最早的版本。因此，此書是學習和研究古代小說的重要文獻。

■ 古典文學理論名著

古代文學中，作品是最為豐富的，但很早開始，人們就對文學作品有過各式各樣的品評，提出過許多文學理論主張，這些品評與理論反過來又對古人的文學創作產生一定的影響。建議今天的讀者適當暸解古代的文學理論。

‧《詩品》

詩歌理論著作，南朝梁鍾嶸撰。此書把自漢至梁的一二二位五言詩人分為上、中、下三品，並分別對他們的藝術成就、風格特徵進行了總體性評論，追尋各自的淵源關係。

‧《文心雕龍》

南朝梁劉勰撰。中國古代最重要的文學理論巨著，採用駢文形式寫，既有完整的理論體系，又對古今作家與作品進行評述。

‧《滄浪詩話》

宋末嚴羽撰。中國古代影響最大的一部詩話著作。全書分《詩辨》、《詩體》、《詩法》、《詩評》、《考證》五章，最重要的觀點集中於《詩辨》章中。此書認為盛唐詩是最高典範，又提出了學詩要「妙悟」的重要觀點。這套理論對詩的發展有重要的影響，其觀點曾長期

被後人討論。

·《薑齋詩話》

明末清初大學者王夫之所撰的詩論著作。「薑齋」是王夫之的別號。此書包括《詩繹》、《夕堂永日緒論》內外編與《南窗漫記》三個部分。王夫之學問湛深，詩論有很大的創新。其中關於詩歌與史書不同、詩歌中情景相生等重要觀點，對後人影響很大。

·《閒情偶寄》

清李漁撰。是有關古代文人精緻生活心得的專書，包括詞曲、演習、聲容、居室、器玩、飲饌、種植、頤養八部，內容包括戲曲理論、養生之道、園林建築等等。有關戲曲理論的部分為《詞曲部》、《演習部》、《聲容部》，近人將此三篇析出，輯為《李笠翁曲話》，是我國最完整的戲曲理論。

·《人間詞話》

近代王國維著。廣受歡迎的一部詞學理論著作。此書形式上採用傳統的筆記體，分條而寫，但又是作者接受了西洋美學思想洗禮後對中國舊文學所作的新評判、新總結，形成了體系性的理論。書中有「詞以境界為最上。有境界則自成高格，自有名句。五代北宋之詞所以獨絕者在此」的重要觀點，又提出了「造境」與「寫境」、「有我之境」與「無我之境」之說。這些觀點一直到今天仍然受到文學愛好者的喜愛。

四 歷代作家作品

歷代的作家作品可謂汗牛充棟，僅一部《全唐詩》就包括兩千多位作者，將近五萬首詩。後世文化更加普及，而先進的印刷術又使文學作品得以在更廣的範圍傳播，因此宋以來傳世的文學作品就遠遠超越前代。但是，最優秀的作家作品總是有限的，就唐詩而言，留下作品超過一百首的詩人就只有一一四人，而入選《唐詩三百首》的詩人則只有七十五人。我們這裡介紹的是經過歷史淘洗，最值得我們瞭解的那些名家名作。

・風騷

「風」即《詩經》中的《國風》，「騷」即《離騷》，「風騷」代指《詩經》和《楚辭》，它是中國詩歌的兩大源頭。

・《詩經》

中國文學史上第一部詩歌總集。本名《詩》，或《詩三百》，西漢時被尊為儒家經典，始稱《詩經》，並沿用至今。共收錄從西周初期至春秋中葉大約五百年間的詩歌共三〇五篇，按音樂性質的不同分為風、雅、頌三類。《詩經》內容十分廣泛，幾乎涉及當時社會生活的方方面面，並深入到當時人們內心情感世界的各個層面，堪稱周代社會歷史的形象畫卷，具有極高的文學價值和史學價值。主要採用賦、比、興的藝術手法，語言樸素優美，韻律和諧，句式以四言為主，兼有雜言，多採用重章疊句，寫景抒情極具感染力。《詩經》中的《關雎》、《蒹葭》、《君子於役》、《伐檀》、《採薇》等名作，如今

進入了各級教材，各年齡段、各文化階層的人都愛誦讀這部詩集。

・屈原（前 340？-前 278？）

名平，字原。丹陽（今湖北秭歸）人。戰國時楚國傑出的政治家，偉大的愛國詩人，楚辭的創立者。官楚懷王左徒、三閭大夫，博聞強識，明於治亂，嫻於辭令，為楚懷王所倚重。主張修明法度，舉賢任能，聯齊抗秦。後受到顯臣靳尚等的讒毀，被懷王疏遠。頃襄王即位後屈原還遭到放逐，最終自投汨羅江而死。屈原堅持真理、獨立不遷的人格魅力，鼓舞和感召了華夏無數兒女。我國民間端午節包粽子、賽龍舟的習俗源於對屈原的紀念。屈原開創了「楚辭」這一新詩體，他的作品大量使用香草美人的象徵手法，把濃烈的激情和奇幻的想像結合在一起，充滿著浪漫主義色彩。《離騷》是一首帶有自傳性質的長篇抒情詩，為中國詩歌史上的絕唱。其他重要作品如《九歌》包括《國殤》、《山鬼》、《湘君》、《湘夫人》等十一首詩，《九章》包括《涉江》、《哀郢》、《橘頌》等九首詩，而《天問》一詩則一連向蒼天提出一七二個問題，是中國詩歌史上的奇作。

・屈宋

《楚辭》代表作家屈原和宋玉的並稱。宋玉繼承屈原，對《楚辭》的發展作出了貢獻，他有《高唐賦》、《九辯》等名作，後者是中國文學「悲秋」情感的源頭。

・賈誼（前 200-前 168）

河南洛陽人。西漢著名文學家。曾官至大中大夫，因力主改革受

權貴中傷，被貶為長沙王太傅，後改為梁懷王太傅。賈誼以政論散文和騷體賦著稱於世。《過秦論》和《陳政事疏》（一稱《治安策》）是其散文的代表作。前者由秦之興亡，論及治國之道，開「史論」之先河。賈誼繼承《楚辭》的風格，寫有《吊屈原賦》、《鳥賦》等騷體賦，對漢賦的形成具有重要作用。

・司馬相如（約前 179-前 118）

字長卿。蜀郡成都（今屬四川）人。西漢著名文學家，漢代辭賦家的代表。少年時好讀書、擊劍，漢景帝時游梁孝王門下。奏《子虛賦》和《上林賦》，名動一時。他的辭賦名作還有《長門賦》、《大人賦》等。這些作品結構宏大，辭藻富麗，氣勢恢弘，為漢大賦的典範。

・枚馬

漢賦著名作家枚乘、司馬相如的並稱。枚乘（？-前 140），字叔，淮陰人。其《七發》是標誌漢大賦正式形成的作品。

・東方朔（前 154-前 93）

字曼倩。西漢辭賦家。東方朔上書自薦，漢武帝詔拜為郎。他性格詼諧，言詞敏銳，滑稽多智，常在武帝前談笑取樂，「然時觀察顏色，直言切諫」。代表作有《答客難》。

・揚雄（前 53-前 18）

一作楊雄，字子雲。蜀郡成都（今屬四川）人。西漢辭賦家、哲

學家、語言學家。其辭賦予司馬相如齊名，二人並稱「揚馬」。揚雄辭賦名作有《甘泉賦》、《羽獵賦》。

・漢賦四大家

指漢賦著名作家司馬相如、揚雄、班固、張衡。班固的《兩都賦》開創了京都大賦之體，張衡的《二京賦》也是京都大賦代表作，二人並稱為「班張」。

・蔡琰（177-？）

字文姬。陳留（今河南開封杞縣）人。漢末女詩人，蔡邕之女。博學，有才辯，通音律。其《悲憤詩》敘寫個人悲慘遭遇，反映了當時人民在戰亂中所經受的痛苦。

・《古詩十九首》

東漢末年文人五言詩的選集，共十九首，最早見於南朝梁代蕭統所編《文選》。這組詩雖非一人一時一地所作，但大多以簡短的形式、樸素白描的手法抒寫離情別緒，充滿著感傷和悲苦的情調，感染力很強。《古詩十九首》是中國五言詩成熟的標誌。其中的《涉江采芙蓉》寫失意遊子懷念妻子，《迢迢牽牛星》從女性角度寫相思，都深婉感人。

・三曹

指曹操及其子曹丕、曹植。他們是漢末建安時期的政治家、文學家，因他們特殊的政治地位而成為建安文學的領袖和傑出代表。

．曹操（155-220）

字孟德，小字阿瞞。沛國譙（今安徽亳州）人。在漢末軍閥兼併戰爭中，挾天子以令諸侯，建立起割據勢力，封魏王。他寫有樂府詩二十多首，名作有《短歌行》等。曹操還是開魏晉六朝文章風氣的作家，其散文《述志令》也很有特色。

．曹丕（187-226）

字子桓，曹操次子。西元二二〇年代漢自立，國號「魏」，史稱魏文帝。他的詩也有成就，所作《燕歌行》是現存較早的比較完整的、成熟的七言詩。他著有《典論》一書，其中的《論文》篇是影響很大的文學理論專論。

．曹植（192-232）

字子建。三國著名詩人、辭賦家。年十餘歲，便出言為論，下筆成章，深得曹操的寵愛，幾為太子。因恃才傲物，飲酒不節，屢犯法禁，而失寵於曹操。曹丕繼位後，曹植屢遭迫害，貶爵徙封，過著名為藩侯、實同囚徒的生活，終於在抑鬱憂憤中死去。因最後的封地在陳郡，謚號為「思」，後人稱之為陳王或陳思王。他是第一個大力寫作五言詩的文人。其詩風骨與辭采兼備，名作有《白馬篇》、《野田黃雀行》、《美女篇》、《雜詩》、《贈白馬王彪》等。另外他的《洛神賦》是辭賦的千古名篇。

· 建安七子

又稱「鄴中七子」。建安年間（196-220）七位文學家的合稱，指孔融、陳琳、王粲、徐幹、阮瑀、應瑒、劉楨。七人中除孔融年輩最高，因與曹操政見不合而被殺外，其餘六人都依附曹操、曹丕，他們的作品反映了動亂的現實，表現了建功立業的精神，具有建安文學的共同特徵。王粲是「七子」中成就最高的作家。

· 竹林七賢

指魏末晉初的阮籍、嵇康、山濤、向秀、阮咸、王戎、劉伶七位文士。他們互相友善，游於竹林，史稱「竹林七賢」。文學成就以阮籍與嵇康最高。

· 嵇康（224-262）

字叔夜。深通樂理，擅長鼓琴，有極高的音樂天賦。身長七尺八寸，時人以為「龍章鳳姿」。不與西晉政府合作，以「非湯武而薄周孔」的言論來曲折表現對司馬氏的諷刺，遭殺身之禍。嵇康擅長四言詩，有《幽憤詩》、《贈秀才入軍》等名作，其中「目送歸鴻，手揮五弦。俯仰自得，游心太玄」幾句，托意清遠，風神高邁，被人推為中國文學藝術的最高品格。此外，《聲無哀樂論》、《養生論》、《與山巨源絕交書》等為其散文名作，也有重要影響。

· 阮籍（210-263）

字嗣宗。曾任步兵校尉，世稱阮步兵。「竹林七賢」之一，魏晉

之際傑出的文學家。所作《詠懷詩》八十二首，多用比興、象徵手法，或借古諷今，或借遊仙諷刺世俗，或借美人寄託懷抱，曲折隱晦地表達政治黑暗時代的文人的人生悲嘆，影響很大。散文《大人先生傳》也是其名篇。

・三張二陸兩潘一左

指西晉太康時期（280-289）的七位文學家。「三張」指詩人張載與其弟張協、張亢。「二陸」指文學家陸機與其弟陸雲。「兩潘」指文學家潘岳與其侄潘尼。「一左」指詩人左思。

・陸機（261-303）

字士衡。吳郡華亭（今上海松江）人。西晉太康時期（280-289）的代表作家，與其弟陸雲並稱為「二陸」，又與潘岳並稱為「潘陸」。詩風典雅，文辭繁縟。所作《文賦》探討文學創作的心理奧秘，是古代文學理論的重要篇章。有《陸士衡集》傳世。

・左思

字太沖，生卒年不詳。臨淄（今屬山東）人。西晉著名作家。他以十年時間寫成的《三都賦》轟動當時，洛陽為之紙貴。他的《詠史八首》、《嬌女詩》是六朝詩歌的名作。

・陶淵明（約365-427）

字元亮，後改名為潛，自號五柳先生。潯陽柴桑（今江西九江市）人。東晉文學家，有「千古隱逸詩人之宗」之稱。曾入仕，做過

州祭酒、參軍一類小官，後在任彭澤縣令時，不肯「為五斗米折腰向鄉里小兒」而棄官歸隱，從此耕讀自娛，不再入仕。陶淵明是田園詩的開創者。代表作有組詩《飲酒》、《歸園田居》、《擬古》、《和郭主簿》等。此外，他的《桃花源詩並記》、《歸去來兮辭》也是中國古代文學的名作。他的作品大多表現詩人對污濁現實的厭煩和對田園生活的熱愛。語言樸實，詩味無窮。

・謝靈運（385-433）

字號不詳。祖籍陳郡陽夏（今河南省太康縣一帶）。東晉詩人，與陶淵明齊名，並稱「陶謝」。山水詩的開創者。東晉宰相謝玄之孫，襲封康樂公。謝靈運是中國詩歌史上第一個把山水大量寫入詩中，且對之進行工細刻畫的詩人，山水詩從此正式確立。他的詩中有很多自然清新的佳句，如寫春天的「池塘生春草，園柳變鳴禽」，寫秋色的「野曠沙岸淨，天高秋月明」，寫冬景的「明月照積雪，朔風勁且哀」等，都是歷來被人稱頌的名句。有《謝康樂集》傳世。

・鮑照（約 414-466）

字明遠。原籍上黨（今屬山西）。南朝著名文學家。與謝靈運、顏延之同時，皆以詩著稱，合稱「元嘉三大家」。出身寒門，仕途坎坷。有《鮑參軍集》傳世。詩歌成就為最高，其名作《擬行路難十八首》對李白、高適、岑參等人有重要影響。辭賦以《蕪城賦》最為著名，為六朝辭賦的名篇。

· 謝朓（464-499）

字玄暉。陳郡陽夏（今河南太康）人。南朝齊著名詩人。與謝靈運同族，二人並稱為「大小謝」。曾任宣城太守，故又稱「謝宣城」。他的詩寫景細膩，清麗自然，對山水詩的發展有較大貢獻。

· 庾信（513-581）

字子山。祖籍南陽新野（今屬河南）。先為梁宮廷詩人，後出使西魏，被強留於長安，歷授西魏、北周顯位。後期詩多寫故國之思、亡國之痛，組詩《擬詠懷》是其詩歌代表，他的《哀江南賦》、《小園賦》是辭賦史上的傑作。

· 《世說新語》

記錄漢末至晉代士大夫的言談軼事，反映當時士族的思想、生活和清談放誕風氣的作品，今人稱之為軼事小說。南朝宋劉義慶撰。分德行、言語、政事、文學等三十六門。此書往往以簡約語句描寫人物，或寫形貌，或寫才學，或寫心理，有時就一個細節，有時則抓住人物主要特徵作漫畫式的誇張，都能寫出獨特的性格，生動傳神。

· 初唐四傑

唐代文學家王勃、楊炯、盧照鄰、駱賓王的合稱。四人均官小而名大，年少而才高，有不少剛健清新、感情質樸的詩文，是唐代勇於改革南朝浮豔文風的先驅。

· 王勃（650-676）

　　字子安。絳州龍門（今山西河津）人。「初唐四傑」之一。其詩風格清新，駢文尤為有名。他的《秋日登洪府滕王閣餞別序》是駢文史上的巔峰之作，序末所附的七言古詩《滕王閣詩》是唐詩精品。其五律《送杜少府之任蜀州》亦為送別詩的絕唱，其中「海內存知己，天涯若比鄰」兩句是千古名句。

· 楊炯（650-693？）

　　曾任盈川令，世稱楊盈川。華陰（今屬陝西）人。「初唐四傑」之一。以邊塞詩著名。《從軍行》、《出塞》等詩表現了為國立功的戰鬥精神，氣勢雄邁，風格剛健。

· 駱賓王（627？-684？）

　　字觀光。婺州義烏（今屬浙江）人。「初唐四傑」之一。長於駢文。《代李敬業傳檄天下文》斥責武則天的罪行，號召天下共同討伐。此文當時廣為傳誦，連武則天都讚歎他的文才。早年所作《帝京篇》為初唐罕有長詩，當時以為絕唱。又有小詩《鵝》，長期為幼童習誦。其五律《在獄詠蟬》以幽棲高樹、餐風飲露的蟬寄寓自己高潔之志，也是名作。

· 盧照鄰（634？-686？）

　　字升之，自號幽憂子。幽州范陽（今北京）人。曾任鄧王府典簽，晚年不堪貧病，投潁水而死。其名篇《長安古意》借漢賦手法鋪

敘長安繁華，發洩寒士不遇的牢騷，託古意抒今情。

· 陳子昂（659-700）

字伯玉。梓州射洪（今四川射洪）人。因曾任右拾遺，世稱陳拾遺。唐代前期詩文名家。為官以直言敢諫著稱，解職回鄉後，被陷害而死，年僅四十二歲。有《陳伯玉集》傳世。詩風剛健質樸，名作有《感遇》組詩三十八首。此外最負盛名的是《登幽州台歌》。

· 邊塞詩派

盛唐詩歌的主要流派之一。以高適、岑參、李頎、王昌齡最為知名，而高適、岑參成就最高，是邊塞詩派的代表。此外，如王之渙、王翰、崔顥、張謂等也屬於邊塞詩人。邊塞詩人大都有從軍入幕的戎馬經歷，他們的詩多表現邊塞生活以及馳騁沙場、建功立業的壯志豪情，反映征夫思婦的悲怨。

· 山水田園詩派

唐代詩歌的主要流派之一。以盛唐王維、孟浩然為代表，盛唐詩人儲光羲、裴迪、常建，中唐柳宗元、韋應物也是成就較高的山水田園詩人。這個詩派的詩人喜寧靜的山水田園生活，詩也因此顯現出清麗自然的特色。

· 王昌齡（690-756）

字少伯。京兆長安（今陝西西安）人。盛唐著名邊塞詩人。王昌齡詩名早著，有「詩家夫子王江寧」之稱。與李白、孟浩然、高適、

王維等一批著名詩人都有交誼。其詩作氣勢雄渾，格調高昂。最擅長七言絕句，後世稱為「七絕聖手」。其名作《出塞》、《從軍行》、《芙蓉樓送辛漸》、《長信秋詞》、《閨怨》都是詩歌史上的優秀作品。

・王維（701-761）

字摩詰。太原祁（今山西祁縣）人。官至尚書右丞，世稱王右丞。與孟浩然並稱為「王孟」，盛唐山水田園詩派的代表。晚年崇奉佛教，過著亦官亦隱的閒適生活，人稱「詩佛」。有《王右丞集》傳世。前期詩歌富於進取精神，充滿英雄主義豪情，有《使至塞上》、《觀獵》、《送元二使安西》等名篇。後期詩歌多描寫田園山水景物，表達天人合一、主客觀渾化的體驗。蘇軾曾評價他「詩中有畫」，「畫中有詩」。他的《山居秋暝》、《鳥鳴澗》、《辛夷塢》等詩歷來為人讚賞。

・孟浩然（689-740）

襄陽（今湖北襄樊）人。盛唐山水田園詩人。與王維齊名，並稱為「王孟」。早年有用世之志，最終卻以隱士終身。長於五言，名作有《過故人莊》、《晚泊潯陽望香爐峰》、《春曉》等。《臨洞庭湖贈張丞相》中的名句「氣蒸云夢澤，波撼岳陽城」，雄闊壯偉，堪稱盛唐氣象的代表。

・李白（701-762）

字太白，號青蓮居士。祖籍隴西成紀（今甘肅天水）人。盛唐最傑出的詩人，有「詩仙」之稱。年輕時漫遊各地，天寶年間（742-

756）入長安供奉翰林，不久遭讒去職。「安史之亂」起，隱居廬山，被邀入永王李璘幕府。後受牽累流放夜郎，途中遇赦，晚年漂泊東南一帶。一生經歷坎坷，思想複雜，既是天才詩人，又有遊俠、隱士、策士等氣質。今存《李太白集》。長期選入中小學課文的名篇有《靜夜思》、《黃鶴樓送孟浩然之廣陵》、《行路難》、《夢遊天姥吟留別》、《蜀道難》、《將進酒》、《宣州謝朓樓餞別校書叔云》等。

・杜甫（712-770）

字子美，自號少陵野老、杜少陵、杜工部等。河南鞏縣（今河南鞏縣）人。初唐詩人杜審言之孫。中國古代享有最崇高地位的偉大詩人，號稱「詩聖」。曾漫遊各地，寓居長安十年。「安史之亂」中陷於京城，逃出後任左拾遺。後棄官移家成都，築草堂於浣花溪畔。又輾轉避亂，漂泊湘江，病逝於湘江小舟中。存詩一千四百餘首。有《杜工部集》傳世。杜甫的詩歌具有豐富的社會內容、強烈的時代色彩和鮮明的政治傾向，是唐帝國由盛轉衰的藝術記錄，被稱為一代「詩史」。他的「三吏」、「三別」和《春望》、《聞官軍收河南河北》等詩，愛國愛民之心極為熾熱。《兵車行》、《麗人行》則無情地揭露了統治階級奢侈荒淫的面目和禍國殃民的罪行。其詩風格多變，眾體皆備。律詩造詣最為人稱道。《登高》、《秋興八首》等詩藝術造詣精湛，詩風沉鬱頓挫，雄渾的境界與精細的表現手法和諧統一，是典範之作。

・白居易（772-846）

字樂天，號香山居士。下邽（今陝西渭南）人。中唐偉大詩人，

有「詩魔」之稱。曾任翰林學士、左拾遺，因言事忤權貴，被貶為江州司馬。早年熱心濟世，詩歌多諷刺現實之作。提出「文章合為時而著，歌詩合為事而作」的主張，以新樂府的形式、通俗淺易的詩風，反映民生疾苦，諷刺社會弊端，元稹、張籍、王建、李紳等詩人桴鼓響應，在當時形成一大流派，號為「新樂府詩派」。最有影響的是《秦中吟》、《新樂府》兩組作品，後一組中的《賣炭翁》、《輕肥》尤為著名。白居易的詩歌除了新樂府等類之外，還有感傷詩、閒適詩。前者有長篇敘事詩《長恨歌》、《琵琶行》，代表了白居易藝術上的最高成就。此外，他還有《憶江南》、《花非花》等詞，傳誦頗廣。

・元稹（779-813）

字微之。河內（今河南洛陽附近）人。與白居易齊名，世稱「元白」。他的悼亡詩《遣悲懷》很是知名。他所寫的《會真詩》、傳奇《鶯鶯傳》，為《西廂記》的源頭。

・韓孟

指中唐作家韓愈和孟郊。孟郊（751-814），字東野。湖州武康（今浙江德清縣）人。詩多抒寫窮愁孤苦之情，其詩友韓愈發展了孟郊的詩風，開拓出以古文之法寫詩的新道路，當時形成「韓孟詩派」。韓愈以文著稱，孟郊以詩知名，故時有「孟詩韓筆」之譽。「筆」是六朝人的用語，指韻文之外的文章。

・韓愈（768-824）

字退之。祖籍昌黎（今屬河北），世稱韓昌黎。唐代傑出的文學

家，唐宋八大家之首。自幼勤勉好學，累官至禮部侍郎，後幾度被貶。穆宗朝，歷官國子監祭酒、京兆尹等，官至吏部侍郎。有《昌黎先生集》存世。韓愈崇尚秦漢散文，反對六朝以來的駢文，和柳宗元同為「古文運動」的領袖。韓愈詩文成就均高，尤以文章著稱。蘇軾稱讚他「文起八代之衰」。議論文名篇有《原道》、《諫佛骨表》、《師說》等，雜文名篇有《送窮文》、《進學解》、《送孟東野序》、《答李翊書》，記敘抒情的名篇有《張中丞傳後敘》、《祭十二郎文》等。在詩歌領域，他與孟郊一起求新求奇，又以古文入詩，開拓了一條新的詩歌道路，有「韓孟詩派」之號。

・柳宗元（773-819）

字子厚。河東（今山西永濟）人，世稱柳河東。唐代文學家，唐宋八大家之一。少有才名，早有大志，參與「永貞革新」，失敗後被貶為永州（今湖南零陵）司馬，十年後遷為柳州刺史。有《柳河東集》。柳宗元的散文成就與韓愈齊名，兩人合稱「韓柳」。其寓言散文《三戒》（包括《臨江之麋》、《永某氏之鼠》、《黔之驢》）、《蝜（fù）蝂（bǎn）傳》，山水遊記《永州八記》（包括《小石潭記》等），以及《捕蛇者說》、《種樹郭橐駝傳》等，都是膾炙人口的佳作。柳宗元詩歌與韋應物齊名，合稱「韋柳」。其詩風格清峭淡雅，自成一格，《漁翁》與《江雪》尤為著名。

・劉禹錫（772-842）

字夢得。洛陽（今屬河南）人。唐代文學家、哲學家。曾參與「永貞革新」，失敗後被貶。後為主客郎中、太子賓客。有《劉賓客

集》傳世。與白居易齊名，世稱「劉白」。有「詩豪」之稱，其詩雄豪蒼勁，尤擅長於詠史懷古詩，名作有《烏衣巷》、《西塞山懷古》、《蜀先主廟》等。又有《竹枝詞》及散文名作《陋室銘》等。

・賈島（779-843）

唐代詩人。范陽（今北京附近）人。早年出家為僧，號無本。後還俗，屢舉進士不第。曾任長江主簿，世稱賈長江。有《賈長江集》傳世。其詩多抒發科考的失意和窘困生活的哀嘆，詩風清苦奇僻，與孟郊並稱「郊島」，有「郊寒島瘦」之稱，又與姚合併稱「姚賈」。賈島雖貧病交加，卻苦吟成癖，視詩歌如生命，自謂「兩句三年得，一吟雙淚流」（《題詩後》）。「鳥宿池邊樹，僧敲月下門」中的「推敲」故事也與此有關。當時，生計困頓而愛詩若命、苦心推敲的詩人，還有孟郊、姚合、李賀等，文學史上稱之為「苦吟派」。

・李賀（790-816）

字長吉。河南福昌（今河南宜陽）人。唐宗室後裔。唐代繼李白之後的又一浪漫主義詩人。一生愁苦多病，僅做過三年的九品微官奉禮郎，因病二十七歲卒。有《李長吉歌詩》存世。名篇有《夢天》、《金銅仙人辭漢歌》、《雁門太守行》等。

・杜牧（803-約852）

字牧之，號樊川居士。京兆萬年（今陝西西安）人。宰相杜佑之孫。晚唐傑出詩人。與李商隱並稱「小李杜」。有《樊川文集》存世。杜牧詩將憂國憂民的懷抱與傷春傷別的情思交織在一起，形成

「雄姿英發」的特色。其七絕成就尤高，如《赤壁》、《泊秦淮》、《山行》都是歷代傳誦的佳作。此外，其《阿房宮賦》也是古代賦體中不可多得的佳作。

· 李商隱（約 813-858）

字義山，號玉溪生、樊南生。懷州河內（今河南沁陽）人。晚唐成就最高的詩文名家，與杜牧齊名，並稱「小李杜」。一生沉淪卑職，游幕桂州、徐州等地，潦倒終身。有《李義山詩集》、《李義山文集》存世。李商隱詩歌感情纏綿，意蘊深微，意境迷離恍惚，大量使用典故，語言清麗。這些特點集中表現在他所創造的「無題詩」中。在形式上，李商隱長於七律和七絕。名篇佳作有《錦瑟》、《夜雨寄北》、《樂游原》、《馬嵬》和多首「無題詩」。

· 花間詞派

晚唐五代的文人詞派，其主要為西蜀詞人，故又名「西蜀詞派」。因趙崇祚所編的《花間集》而得名。奉晚唐詞人溫庭筠為鼻祖，主要代表還有韋莊、孫光憲等人。此派多寫離愁別恨，描繪景物富麗，構圖華美。

· 溫庭筠（812-870）

本名岐，字飛卿。太原祁（今山西祁縣）人。年輕時才思敏捷。晚唐考試律賦，八韻一篇。據說他叉手一吟便成一韻，八叉手即告完稿，所以贏得了「溫八叉」、「溫八吟」的稱號。詩與李商隱齊名，並稱「溫李」；詞與韋莊齊名，並稱「溫韋」。溫庭筠是中國文學史

上第一個致力於填詞的文人，是花間詞的鼻祖。其詞寫思婦閨恨，簡潔含蓄，情深意遠。詞以《菩薩蠻》為最著名。

・韋莊（836-910）

字端己。唐末五代詩人。京兆杜陵（今陝西西安）人。唐末五代詩詞名家。官至前蜀宰相，有詩集《浣花集》。詞與溫庭筠齊名而風格不同，韋詞清新，長於白描。存詞五十多首，後人輯為《浣花詞》一卷。以《菩薩蠻》（人人盡說江南好）等最為著名。

・南唐二主

李璟和其子李煜的並稱。兩人皆不擅做皇帝，卻寫得一手好詞，是南唐詞人的代表。

・李璟（916-961）

即南唐中主，著名詞人。好讀書，多才藝，文學藝術修養較高。常與寵臣韓熙載、馮延巳等飲宴賦詩。他的詞感情真摯，風格清新，語言不事雕琢。現僅存詞四首，都是精品，其中《攤破浣溪沙》尤為珍品。

・李煜（937-978）

李璟第六子，在位十五年，世稱李後主。南唐最優秀的詞人。亡國後肉袒出降，被俘至汴京，封違命侯。後因《浪淘沙》（簾外雨潺潺）及《虞美人》（春花秋月何時了）二詞觸怒宋太宗而被毒死，年僅四十二歲。現存詞四十六首，最出色的詞是亡國後所作，充滿深沉

的亡國之痛，淒涼悲壯，意境深遠，如《浪淘沙》、《虞美人》等均為曠世佳作。

・馮延巳（903-960）

字正中。廣陵（今江蘇揚州）人。著名詞人。南唐時官至宰相。有詞集《陽春集》，存詞九十餘首。最有代表性的詞為《鵲踏枝》（誰道閒情拋擲久）、《謁金門》（風乍起）。他的詞注重寫內心體驗和憂患意識，藝術成就較高，對宋代詞人影響很大。

・范仲淹（989-1052）

字希文。吳縣（今江蘇蘇州）人。北宋名臣，政治家、文學家。曾戍邊數年，名重一時。後主持慶曆改革，因守舊派阻擾而未果。去世後諡文正。有《范文正公集》傳世。作品數量不太多，但詩、詞、文都有傑作。散文名篇《岳陽樓記》，概括出「先天下之憂而憂，後天下之樂而樂」的思想。詩歌《江上漁者》被選入很多兒童讀物。詞雖僅存五首，寫戍邊生涯的《漁家傲》成為後來豪放詞的先聲。

・晏殊（991-1055）

字同叔。臨川（今屬江西）人。北宋前期重要詞人，與歐陽脩並稱為「晏歐」，與其子晏幾道並稱為「二晏」。曾歷任要職。他工詩善文，詞的成就最大。有《珠玉詞》傳世。詞作多寫詩酒生活和悠閒情致，感情基調雍容和緩，風格珠圓玉潤。《浣溪沙》（一曲新詞酒一杯）等最為著名。

‧柳永（約 987-約 1053）

　　原名三變，後改名永，字耆卿。排行第七，又稱柳七。崇安（今福建武夷山）人。北宋詞人，婉約派最具代表性作家之一，北宋第一個專力作詞的詞人。有《樂章集》傳世。他善於用通俗的語言表現市井人物的生活和心理，又長於寫篇幅較長的慢詞，受到當時社會各階層普遍的喜愛，有「凡有井水飲處，即能歌柳詞」之說。名作有《雨霖鈴》等。

‧歐陽脩（1007-1072）

　　字永叔，晚年號六一居士。廬陵（今江西吉安）人。北宋政治家、史學家、文學家。他既是范仲淹「慶曆新政」的支持者，也是北宋詩文革新運動的領導者。又喜獎掖後進，蘇軾父子及曾鞏、王安石皆出其門下。一生著述繁富，成績斐然。撰有《新五代史》。又曾主持編纂《新唐書》。《歐陽文忠公集》是他的詩、詞、文等的著作合集。歐陽脩文章成就最高，為「唐宋八大家」中最重要的成員之一。其文《朋黨論》、《醉翁亭記》、《豐樂亭記》、《秋聲賦》、《祭石曼卿文》、《瀧岡阡表》最為優秀。歐陽脩的詞與晏殊齊名，並稱「晏歐」，內容雖多寫男女愛戀、離情別緒，但格調較高。另外，他的《六一詩話》，開古代詩話風氣。

‧晏幾道（約 1040-約 1112）

　　字叔原，號小山，是晏殊第七子。臨川（今屬江西）人。北宋著名詞人。稟性孤高耿介，雖家道中落，不慕勢利。有《小山詞》傳

世。詞的成就高於其父。尤擅小令，其詞內容多寫往事，充滿感傷情調。其詞《臨江仙》、《鷓鴣天》、《阮郎歸》等，皆為傳誦人口的名篇。

· 曾鞏（1019-1083）

字子固。江西南豐（今屬江西）人，世稱「南豐先生」。北宋文學家，「唐宋八大家」之一。有《元豐類稿》傳世。曾鞏的散文長於議論，語言質樸，說理穩妥雅正，曲折盡意，他的《墨池記》、《越州趙公救災記》是典範之作。明代唐宋派作家如茅坤、歸有光，清代桐城派作家都把他的文章奉為圭臬。

· 王安石（1021-1086）

字介甫，晚號半山。臨川（今屬江西）人。北宋傑出的政治家、思想家、文學家、改革家，「唐宋八大家」之一。宋神宗時實行變法，推行新政，遭司馬光等人反對。晚年退居金陵。王安石工詩擅文，他的散文峭拔簡練，如著名的《上仁皇帝言事書》、《答司馬諫議書》、《讀孟嘗君傳》、《傷仲永》、《游褒禪山記》等都是深受後人喜愛的名作。王安石的詩成就也很高，多用典故，好發議論，《明妃曲》、《書湖陰先生壁》、《登飛來峰》等詩影響很大。王安石詞不多，但他的《桂枝香·金陵懷古》為宋詞開啟了新風。

· 蘇軾（1037-1101）

字子瞻，號東坡居士。眉州（今屬四川）人。北宋大文豪，詩、詞、賦、散文均有極高成就。散文與歐陽脩齊名，並稱「歐蘇」，同

為「唐宋八大家」的重要成員；詞則開創了豪放詞風，與辛棄疾並稱「蘇辛」；善書法和繪畫，書法與蔡襄、黃庭堅、米芾合稱「宋四家」；善畫竹木怪石，是宋代文人畫的重要畫家。

知識點擴展

【蘇門四學士】蘇軾喜獎掖後學，當時文士都歸向於他，在他門下形成一個文人群體，影響最大的是黃庭堅、張耒、晁補之、秦觀四人，合稱「蘇門四學士」。

【蘇門六君子】指蘇軾門下的黃庭堅、張耒、晁補之、秦觀、陳師道和李廌（zhì）等六人，他們都是北宋中後期較有成就的文人。

· 江西詩派

北宋後期形成的詩歌流派。因北宋末呂本中所作《江西詩社宗派圖》而得名。後人提出「一祖三宗」之說，把杜甫作為江西詩派之祖，以黃庭堅、陳師道、陳與義為江西詩派三宗。江西詩派最著名的主張是「奪胎換骨」、「點鐵成金」。

· 秦觀（1049-1100）

字少游、太虛，號淮海居士。高郵（今屬江蘇）人，北宋詞人。工詩詞，詞頗多感傷身世之作，風格委婉含蓄，清麗雅淡。有《淮海集》、《淮海居士長短句》傳世。最有代表性的詞有《滿庭芳》（山抹微云）、《鵲橋仙》（纖雲弄巧）、《踏莎行》（霧失樓台）等。

·賀鑄（1052-1125）

字方回，晚年號慶湖遺老。衛州（今河南汲縣）人。北宋詞人。詩文兼工，詩集今存《慶湖遺老集》。其詞富有寄託，部分作品有蘇、辛豪雄氣象。詞集為《東山詞》。最有名的詞為《青玉案》（凌波不過橫塘路）。

·周邦彥（1056-1121）

字美成，號清真居士。與柳永並稱為「周柳」，二人皆精於音律，善寫長調。周邦彥是北宋婉約詞的集大成者，王國維稱之為「詞中老杜」。出任過專管音樂的大晟府提舉之職。有《片玉詞》傳世。其詞多寫男女戀情、詠物懷古、羈旅行役等，在藝術上堪稱大家，詞風富豔精工，對南宋姜夔、吳文英等影響較大。

·李清照（1084-約 1155）

號易安居士。齊州章丘（今屬山東）人。南宋著名女詞人。世界上唯一一位名字被用做外太空環形山的中國古代女性。曾與丈夫趙明誠共同致力於書畫金石的整理，編寫了《金石錄》。北宋滅，趙明誠病故，她顛沛流離於江浙皖贛一帶，在孤寂中度過晚年。有《漱玉詞》，存詞四十多首。她的詞非常精美，善於白描，語言淺近，音節和諧，有鮮明特色，辛棄疾稱之為「易安體」。其《醉花陰》（薄霧濃雲愁永晝）、《聲聲慢》（尋尋覓覓）是最為後人傳誦的名篇。

· 陸游（1125-1210）

字務觀，號放翁。越州山陰（今浙江紹興）人。南宋詩壇領袖。「中興四大詩人」之一。陸游一生著述宏富，有《劍南詩稿》、《渭南文集》、《老學庵筆記》等多種存世。存詩近萬首，是我國現有存詩最多的著名詩人。陸游的詩題材廣泛，內容豐富，洋溢著強烈的愛國主義激情，風格雄奇奔放、沉鬱悲壯，成就很高，有「小李白」之稱。其名作《書憤》、《劍門道中遇微雨》、《示兒》、《遊山西村》、《臨安春雨初霽》等，最為人傳誦。陸游的詞作不多，但也頗具特色。

· 范成大（1126-1193）

字致能，號石湖居士。平江吳郡（今江蘇蘇州）人。與陸游、楊萬里、尤袤齊名，為南宋「中興四大詩人」之一。曾出使金國，不畏強暴，全節而歸，並寫成使金日記《攬轡錄》和七十二首絕句。官至吏部尚書拜參知政事。有《石湖居士詩集》、《石湖詞》等傳世。他的詩歌成就尤高，《催租行》等詩繼承中唐新樂府傳統，思想價值很高。《田園四時雜興》六十首，開田園詩新局，藝術價值更高。

· 楊萬里（1127-1206）

字廷秀，號誠齋。吉水（今屬江西）人。南宋愛國志士，對儒家經典用功很深。他是「中興四大詩人」之一。有《誠齋集》傳世。他長於七絕，其詩構思精巧，詩風活潑靈動，充滿奇趣，號為「誠齋體」。

・辛棄疾（1140-1207）

字幼安，號稼軒。歷城（今山東濟南）人。南宋最傑出的詞人，豪放派詞的代表作家。有將相之才，在政治、軍事、經濟各方面都有精到見解，又有軍人的勇武精神和敢作敢為的魄力。他二十一歲參加抗金義軍，不久歸南宋，歷任湖北、江西、湖南、福建、浙東安撫使等職。一生堅決主張抗金，上過《美芹十論》、《九議》等有關治國方略的奏議。然而受主和派排擠，長期落職閒居江西上饒、鉛山一帶。有《稼軒長短句》，存詞六百餘首，是宋代詞人中存詞最多的詞人。他的詞抒愛國壯志，嘆英雄不遇，慷慨悲壯，充滿英雄主義色彩。《破陣子》（醉裡挑燈看劍）、《永遇樂》（千古江山）、《水龍吟》（楚天千里清秋）是他豪放詞中最重要的代表。此外如《摸魚兒》（更能消幾番風雨）、《青玉案》（東風夜放花千樹）都是優秀之作。

・姜夔（約 1155-1221）

字堯章，自號白石道人。饒州鄱陽（今屬江西）人。南宋著名詞人。有詞集《白石道人歌曲》傳世。其詞以冷香幽韻、清空峭拔為特色，開創了騷雅詞派，對南宋後期詞壇影響很大。其詞《揚州慢》抒黍離之悲，為早期名作。此外，姜夔精音律、善鑑賞、工書法，詩、文也有很高造詣，傳世有《白石道人詩集》、《詩說》、《續書譜》等。

知識點擴展

【二窗】南宋中期詞人吳文英（1200？-1260？），號夢窗。宋末詞人周密（1232-1298？），號草窗。周密善於吸收吳文英之長，形成

典雅清麗的詞風，二人並稱「二窗」。

【雙白】南宋中期詞人姜夔，號白石。宋末張炎詞集名《山中白雲詞》。張炎作詞學姜夔，詞風清空騷雅，二人並稱「雙白」，又並稱「姜張」。

・文天祥（1236-1282）

字履善，一字宋瑞，號文山。吉州廬陵（今江西吉安）人。南宋傑出的民族英雄和愛國詩人。宋末官至丞相。元兵南侵時，他前往元營議和被執，幸冒險逃脫。後組織義軍抗元，兵敗後被囚，後從容就義。有《文山先生文集》存世。他的詩反映了其堅貞的民族氣節和頑強的戰鬥精神。他最重要的名作為《過零丁洋》、《正氣歌》等，其中的名句「人生自古誰無死，留取丹心照汗青」已成為中華民族精神的象徵。

・元好問（1190-1257）

字裕之，號遺山。太原秀容（今山西忻州）人。鮮卑族拓跋氏之後。金末元初最有成就的作家和歷史學家，對金代文學、文獻的保存與傳播作出很大貢獻。他詩、文、詞、曲各體皆工。《論詩絕句三十首》影響很大；詞則堪與蘇、辛媲美，其中《摸魚兒・雁邱詞》「問世間情是何物，直教生死相許」之句被廣泛傳誦。著有《元遺山先生全集》，詞集為《遺山樂府》。

．關漢卿（約 1229-約 1300）

號已齋。大都（今北京）人。「元曲四大家」之一。元代雜劇的奠基人和領袖。一生創作雜劇六十餘種，現存十八種。他筆下最出色的是一些普通婦女的形象，竇娥、趙盼兒、王瑞蘭、譚記兒等各具性格特徵。其中選入中學課文的《竇娥冤》是元代社會政治經濟文化的寫照。此外，關漢卿又是一位著名的散曲作家，今存不少通俗生動、率真本色的名作。

．王實甫（約 1260-約 1336）

名德信。大都（今北京）人。最傑出的元雜劇作家之一。創作雜劇十四種，現存完整的僅有三種，其中《西廂記》是王實甫最享盛譽的代表作。此劇一上舞台便驚倒四座，博得男女青年的喜愛，有「《西廂記》天下奪魁」之說。其中的《長亭送別》一折極富感染力。

．白樸（1226-1306）

字太素，號蘭谷。「元曲四大家」之一。創作雜劇十六種，名作以《牆頭馬上》、《梧桐雨》最有名。《牆頭馬上》演述女子李千金自擇配偶的故事，是中國十大喜劇之一。其《梧桐雨》是白居易《長恨歌》之後有關唐明皇與楊貴妃愛情故事的又一名作。

．鄭光祖（約 1250-1324 前）

字德輝。平陽襄陵（今屬山西臨汾）人。「元曲四大家」之一。創作雜劇十七種。他受唐陳玄祐的傳奇《離魂記》的影響而創作的

《倩女離魂》是雜劇傑作，給明湯顯祖《牡丹亭》的創作以有益啟迪。

· 元代四大悲劇

指關漢卿的《竇娥冤》、紀君祥的《趙氏孤兒》、白樸的《梧桐雨》、馬致遠的《漢宮秋》。

· 元代四大愛情劇

指關漢卿的《拜月亭》、王實甫的《西廂記》、白樸的《牆頭馬上》、鄭光祖的《倩女離魂》。

· 曲中李杜

指元代後期元散曲代表作家張可久和喬吉。兩人的散曲吸收了詞的特點，顯得更為清麗。張可久（約 1270-1348 以後），字小山，慶元（今屬浙江寧波）人，以〔賣花聲〕《懷古》、〔紅繡鞋〕《天台瀑布寺》最為著名。喬吉（1280-1345），字孟符，號笙鶴翁，又號惺道人。太原人，流寓杭州。創作雜劇十一種，今存三種，散曲成就高於雜劇，〔水仙子〕《尋梅》最為人傳誦。

· 元詩四大家

指虞集、楊載、范梈（pēng）、揭傒斯四人。四人都是元代中期的館閣文臣，因長於寫朝廷典冊和達官貴人的碑版而享有盛名。

· 《三國演義》

中國古代第一部長篇章回小說，歷史演義小說的開山巨著，中國古代四大名著之一。作者羅貫中（生卒年不詳），名本，別號湖海散人。此書依據有關魏、蜀、吳三國的歷史記載，在廣泛吸取民間傳說和各種藝人創作成果的基礎上，加工再創作而成。全書以三國矛盾鬥爭為主線講述了一個個曲折的故事、一場場大大小小的戰爭，其中官渡之戰、赤壁之戰等戰爭故事，場面宏闊，描寫絲絲入扣，情節跌宕起伏，讀來驚心動魄。此書刻畫了許多生動的人物形象，譬如諸葛亮、曹操、關羽三人，分別有智絕、奸絕、義絕之稱。

·《水滸傳》

古代英雄傳奇小說傑作，四大名著之一。作者施耐庵（約 1296-1370），名子安，興化（今屬江蘇）人。全書以「官逼民反」為線索，表現了一群不堪暴政欺壓的「好漢」揭竿而起，聚義水泊梁山，直至接受招安致使起義失敗的全過程。金聖歎將《水滸傳》稱為「第五才子書」，曾給此書作了詳細的評點，對書中人物形象的成功塑造給予了高度評價。

·《西遊記》

中國古代浪漫主義小說的代表作，四大名著之一。作者吳承恩（約 1500-約 1582），字汝忠，號射陽山人，淮安府山陽縣（今屬江蘇）人。此書以唐玄奘上西天取經，途中發生的故事為主幹，融合佛、道、儒三家的思想和內容，並以豐富奇特的藝術想像、生動曲折的故事情節、幽默詼諧的語言，成功地塑造了孫悟空、豬八戒等不朽的藝術形象，今天它們已成為螢幕上經久不衰的形象。

・三言

指馮夢龍編著的《喻世明言》、《警世通言》、《醒世恆言》。明代最著名的擬話本作品，明代通俗小說的代表，充分地反映了市民百姓的思想與情感。

・二拍

指凌濛初創作的《初刻拍案驚奇》與《二刻拍案驚奇》。明代著名的擬話本作品，與「三言」齊名，而成就低於「三言」。

・湯顯祖（1550-1616）

字義仍，號海若。臨川人（今屬江西）。明代最傑出的戲劇家。一生作品很多，有詩、文、賦、曲等，而影響最大的則是「臨川四夢」，包括《還魂記》（《牡丹亭》）、《紫釵記》、《邯鄲記》、《南柯記》。《牡丹亭》與《紫釵記》的主題是男女愛情，《邯鄲記》與《南柯記》的主題則是宦海沉浮、人生感嘆。「四夢」中最有名的為《牡丹亭》，此劇演述少女杜麗娘因情而死，又因情而復生的故事，富有濃厚的浪漫主義色彩，有極強的藝術感染力量。

・張溥（1602-1641）

字天如。明末復社領袖之一。太倉（今屬江蘇）人。有詩文集《七錄齋集》。在文學觀點上，他贊成前、後「七子」，反對公安派。輯有《漢魏六朝百三家集》，這是一部很受人重視的總集。他的文章《五人墓碑記》常被選入各種選本。

．《紅樓夢》

原名《石頭記》，四大名著之一，我國古代最偉大的長篇小說，
也是世界文學經典巨著之一。作者曹雪芹（約 1715-1764），名霑
（zhān），字夢阮，號雪芹，又號芹圃、芹溪。此書在藝術上達到了
中國小說前所未有的高度，魯迅稱讚說：「自有《紅樓夢》出來以
後，傳統的思想和寫法都打破了。」全書的中心是賈寶玉、林黛玉的
愛情悲劇。它熱情地禮讚了人類的情感生活和富於人性之美的青年女
性，描繪出如林黛玉、薛寶釵、王熙鳳等美麗聰慧、活潑動人的女性
群像，表達了對自由生活的渴望。

．《聊齋誌異》

文言短篇小說的巔峰之作。作者蒲松齡（1640-1715），字留仙，
號柳泉居士，山東淄川（今山東淄博）人。此書內容十分廣泛，以浪
漫的鬼狐、花妖故事，表達了作者對黑暗的社會現實的不滿。全書幻
美、綺麗的故事，簡約、精美的文言，給人以無盡的藝術享受。《嬰
寧》、《促織》、《席方平》、《司文郎》等都是名篇。

．《儒林外史》

清代傑出的長篇諷刺小說。作者吳敬梓（1701-1754）。主要描寫
封建社會後期知識分子及官紳的活動和精神面貌。全書故事情節雖沒
有一個貫穿始終的主幹，可是有一個中心貫穿其間，那就是反對科舉
制度和封建禮教的毒害，諷刺因熱衷功名富貴而造成的極端虛偽、惡
劣的社會風習。

·《長生殿》

清初戲曲傑作。作者洪昇（1645-1704），字昉思，號稗畦，浙江錢塘人。此劇演述唐明皇與楊貴妃的歷史故事，熱烈地歌頌了他們的愛情，反映了封建社會複雜的矛盾鬥爭，抒發了作者的愛國思想。它的曲文糅合了唐詩、元曲的特點，清麗流暢，有很強的藝術感染力。此劇與《桃花扇》齊名，兩位作者並稱「南洪北孔」。

·《桃花扇》

清初孔尚任苦心經營十餘年，三易其稿完成的戲劇傑作，是一部最接近歷史真實的歷史劇。孔尚任（1648-1718），字聘之，號東塘。此書通過明末文人侯方域和李香君的愛情故事總結南明滅亡的歷史教訓，流露出作者強烈的「故國之思」。王國維認為《桃花扇》是中國戲曲史上無與倫比的傑作。

·王士禎（1634-1711）

名士禛（zhēn），因避雍正皇帝胤禛諱，改為士禎。字貽上，號阮亭，又號漁洋山人。新城（今山東桓台）人。清初詩壇主盟，「神韻派」的領袖。二十六歲開始為官，累官至刑部尚書，是著名的清官廉吏。從政之餘勤於著述，著作有《帶經堂集》，詩選有《漁洋精華錄》，詩話有《漁洋詩話》，筆記有《池北偶談》、《古夫於亭雜錄》、《香祖筆記》等。

· 袁枚（1716-1797）

字子才，號簡齋，晚號隨園老人。錢塘（今杭州）人。清代著名詩文作家、性靈派的領袖。與趙翼、蔣士銓合稱為「乾隆三大家」。他的詩多寫身邊瑣事，表現他的真情實感，富有情趣。他的散文和駢文也在當時有名，《祭妹文》堪與韓愈《祭十二郎文》並稱。他的詩文集為《小倉山房文集》，有詩話著作《隨園詩話》。

· 紀昀（1724-1805）

字曉嵐。清代著名文人，《四庫全書》的重要編纂成員。有詩文集《紀文達公集》和筆記小說《閱微草堂筆記》。《閱微草堂筆記》是紀昀晚年所作的一部文言筆記小說，全書主要以篇幅短小的隨筆雜記講述狐鬼神怪故事，語言質樸淡雅，亦莊亦諧，魯迅對它有很高的評價。此書現有英文和意大利文譯本。

· 龔自珍（1792-1841）

字璱（sè）人，號定庵，又號羽琌（líng）山民。浙江仁和（今杭州）人。清末思想家、文學家，被後世稱為「近代文學開山作家」。有《龔自珍全集》傳世。他的詩著眼於現實政治，抒發感慨，縱橫議論，是一個歷史學家、政治家的詩。他的散文在當時比詩有名。政論文揭露和批判清王朝的腐朽統治。諷刺性寓言小品如《捕蛇》、《病梅館記》等都是名作。

·桐城派

清代中後期影響最大的散文流派。創始人方苞，他與劉大櫆（kuí）和姚鼐都是安徽桐城人，並稱為「桐城三祖」。方苞提出「言有物」、「言有序」和「雅潔」的作文要求。姚鼐是桐城派的集大成者，強調「義理、考據、辭章」三者合一。方苞的《獄中雜記》、《左忠毅公逸事》，姚鼐的《登泰山記》，都是桐城派最著名的文章。

·浙西詞派

清初朱彝尊開創。朱彝尊（1629-1709），字錫鬯（chàng），號竹垞（chá），晚號小長蘆釣魚師。浙江秀水（今嘉興）人。工於詩詞、古文，尤長於詞。《曝書亭集》是他的詩、詞、文合集。與李良年、李符、沈皞（hào）日、沈岸登、龔翔麟號為「浙西六家」，和陳維崧並稱「朱陳」。此派宗法南宋，崇尚醇雅，以姜夔、張炎為圭臬。

·常州詞派

清嘉慶時期（1796-1820）張惠言與其弟張琦合編《詞選》，開宗立派，倡導比興寄託。常州詞派崇奉周邦彥、辛棄疾、吳文英、王沂孫等四位宋代詞人，他們總結了學詞者從入門到提高的整套學習方案。常州詞派是清代中後期影響最大的詞派。

·六才子書

金聖歎稱《莊子》、《離騷》、《史記》、《杜甫詩》、《水滸傳》、《西廂記》為「六才子書」，擬逐一批註，但僅完成後兩種，《杜詩解》

未成而遭斬。

・四大民間傳說

指《牛郎織女》、《孟姜女哭長城》、《梁山伯與祝英台》與《白蛇與許仙》。牛郎織女故事最早出現於晉人干寶的《搜神記》中；孟姜女哭長城的故事最早見於《左傳》的襄公二十三年（前550）；梁山伯與祝英台的故事則可能始於《寧波府志》；白蛇與許仙的故事出於馮夢龍編纂的《警世通言》。這些故事都在民間經過長期傳播、演變，在中國民間有很廣泛的影響。

第三編

漢語漢字

只有人類才有真正的語言，語言文字是人類特有的文化現象。漢語漢字是世界各種語言文字中最古老、最具內涵的，它對凝聚民族情感、形成完整的中國文化有重要的意義。

漢語漢字有形、音、義三大要素，漢字的形體、語音、語義各有嚴密的系統，與其他的語言文字很不相同，形成了文字學、音韻學、訓詁學三個專門的學問，這些需要專門深造。不過，其中相對淺顯的部分，仍然是中小學生可以掌握的。

■ 漢語漢字知識

漢語漢字歷史久遠，形成了古代漢語和現代漢語的區分，後者是我們今天日常運用的，前者則與古代傳統文化緊密關聯。這裡，我們從漢語漢字學尤其是古代漢語中提煉出一些基本知識。瞭解這些知識，有助於閱讀古籍，因而也就能更好地深入學習傳統文化。

・結繩記事

人類最初使用實物作為幫助記憶和交際的工具，結繩記事就是其一。《莊子・胠篋》說：從容成氏、大庭氏、伯皇氏、中央氏到神農氏的十二氏時代都用結繩，神農氏時代是用結繩的最後時代。可見，在黃帝時代出現文字以前，中國遠古時代實有結繩以記事的時代。東漢鄭玄的《周易注》中記載：「古者無文字，結繩為約。事大，大結其繩；事小，小結其繩。」

・刻契記事

刻契是古人在結繩以後，新發現的一種幫助記憶的方法。「契」是在木條或竹條上刻上鋸齒，用來記數。多作為契約用，比結繩記事方法進步多了。我國部分少數民族在宋以來直到清朝時候，還有刻契的傳統。

・圖畫文字

又叫「文字畫」，是初民記事和表達思想的方法之一。與具有藝術欣賞作用的繪畫不同，它用簡略或象徵的圖形粗略地再現事物的特徵或事件的過程；與文字符號不同的是，它往往要表達一整句話或事件的一個過程，甚至某個部落的一段歷史，但必須經過知情人的講解，不是一看就懂的。文字畫不能表達語言的聲音，也不能表達詞和詞序，實際上是一種表意的圖畫，是象形文字的前身或來源，而不是純文字。

・六書

古人分析漢字而歸納出的六種條例，按照漢字發展的規律，其名稱和順序是：象形、指事、會意、形聲、轉注、假借。前四種是造字的方法，後兩種是用字的方法。前者產生新字；後者不產生新字，而使已有的漢字產生更豐富的意義。學者們認為，「六書」是漢字的根本制度，直到現在仍是創造新方塊字的方法。

‧象形

「六書」之一，最早的造字方法。用線條把要表達物體的外形輪廓，具體地勾畫出來。例如：「龜」字像一隻龜的側面形狀；「馬」字就是一匹有馬鬣、有四腿的馬；「月」字像一彎月亮的形狀；而「日」字就像一個圓形，中間有一點，很像我們在直視太陽時所看到的形態。象形字是由圖畫發展而來，但與圖畫相比，多數象形字的形體都很簡略。不同的象形字產生的時代有先有後，但總的來說，象形字是文字發展初期的產物。要注意的是：經過幾千年的變化，如今的楷書簡體象形字，象形已變得不像形了，所以，應從字的原始寫法中去研究它的造字原理。

‧指事

「六書」之一，造字方法。使用抽象符號來表達一定含義。有兩類，一類是在象形字的基礎上增加抽象符號，以表新義。如「本」字是在「木」的靠近根的主幹部加一短橫，指明其義；「末」字是在「木」的末梢處加一指示符號；「刃」字是在「刀」的鋒利處加上一點，以作提示；「凶」字則是在陷阱處加上交叉符號。另一類指事字，是用不代表具體事物的抽象符號來表意。例如「上」、「下」二字原來的寫法是由兩根橫線構成，「上」下面的長橫線是界線，短線在上，表示「上」之義。「下」字同理，短線在下。此外，最典型是從「一」到「九」這些數目字，它們都屬於指事字。

· 會意

「六書」之一，造字方法。將兩個字合體構成新字，表達新的意義。如「林」、「森」以幾個「木」組合起來表示新的意義；又如「北」字由兩個人相背靠著，表示此字的本義（即「向背」之「背」義）。此外，如「信」字由「人」、「言」兩部分構成；「酒」字以釀酒的瓦器「酉」和「水」合起來，構成字義；「鳴」指鳥的叫聲，於是用「口」和「鳥」組成。

· 形聲

「六書」之一，造字方法。分別由兩部分組成：形旁（又稱「義符」）和聲旁（又稱「音符」）。形旁指示字的意義類屬，聲旁則表示字的相同或相近發音。例如「壟」字，本義為「丘壟」，形旁是「土」，表示字義，聲旁是「龍」，表示發音；「聞」字，以「耳」示義，以「門」表音；「齒」字下方畫出牙齒的形狀，為義符，上方的「止」是音符，表示此字的相近讀音。形聲造字法是「六書」中最能產、最重要的造字法。據有關專家統計，在甲骨文中，形聲字占總字數的近百分之二十，在《金文編》中占百分之四十左右，在《說文解字》中占百分之八十以上，而在《新華字典》中則占到了百分之九十以上。

· 轉注

「六書」之一，不是造字方法，而是用字之法。地區不同，語言各異，於是產生同物異名現象。轉注字有兩個條件：一是有同一的部

首，二是字義相同或相近。如「考」、「老」二字，本義都是長者；「顛」、「頂」二字，本義都是頭頂；「竅」、「空」二字，本義都是孔；「吹」、「噓」二字，本義都是吹；「灑」、「滌」二字，本義為灑掃；「橋」、「梁」二字，本義都是橋。

· 假借

「六書」之一，也是用字之法。是指某個意義，本來沒有字，而依照它的聲音假借一個同音字來寄託它的意義。換言之，借用已有的文字來表示語音中音同或音近而意義不同的字，所使用的字叫假借字。例如「泉」本義是「水源」，象形字，假借為貨幣意義的「泉」；干求的「求」，本義是「皮衣」。後世所用的意義較虛的字，多為假借字，如「自」本義為「鼻」，「其」本義為簸箕，「焉」本為一種鳥名，都假借為代詞。

· 古今字

一種縱向歷時的同詞異字現象，即記錄同一個詞（實際是詞的某一義項），不同時代，社會用字有不同，前一個時代所用的字叫古字，後一個時代所用的字叫今字。如《說文解字》中，「聞」字後註明原作「䎽」，也就是說先有「䎽」，後造了同義的「聞」字，「䎽」為古字，「聞」為今字。《孟子·滕文公上》：「布帛長短同，則賈相若。」其中的「賈」表示價格之義時，後世用「價」（今簡化為「价」）的字形，「賈」用在前，是古字；「價」、「价」用在後，是今字。再如《岳陽樓記》「政通人和，百廢具興」中的「具」為古字，後世所用的「俱」為今字。

・異體字

　　古人又稱「又體」、「或體」，《說文解字》中稱為「重文」。指讀音、意義相同，但寫法不同的漢字。異體字現象的根本特點是：在同一時期，同音、同義的字同時存在幾個不同字形。《漢書・晁錯傳》「以彊為弱，在俛仰之間耳」句中，「彊」、「俛」二字在漢代就同時還有「強」、「俯」的寫法，它們互為異體字。與異體字相對的概念為「正體字」。正體字是指在音、義完全相同的一組異體字中，被指定為規範字的那一個，如「岳」與「嶽」、「暖」與「煖」、「脈」與「脈」等互為異體，現在規定「岳」、「暖」、「脈」為規範字，稱之為正體字，相應的「嶽」、「煖」、「脈」則為異體字。

・繁簡字

　　即繁體字和簡化字。簡化字又稱簡體字。一九五六年國家確定並公佈了簡化漢字的方案，一九六四年發佈了《簡化漢字總表》，將原先使用的漢字進行了整理和筆形簡化。從此，中國大陸除了古籍出版領域，在社會用字中廢除繁體字，採用簡化字。現在，一方面由於古籍閱讀離不了繁體字，另一方面由於港、澳、台三地仍然使用繁體字，我們在正確使用簡化字的同時，還有學習繁體字的必要。

・本義

　　漢字的本義，就是一個字在造字之初的意義。本義一般可以通過字形來推求。如「誅」字為形聲字，形旁為「言」，根據字形可知，「譴責」為本義，「誅殺」非本義。又如出發、發明的「發」原寫作

「發」，形聲字，形旁為「弓」，本義為「射箭」。「年」字在篆書中由「禾」與「千」兩部分構成，也是形聲字，本義是禾谷成熟。

　· 引申義

漢字的引申義是指由本義派生出來的意義。如「道」為會意字，本義為可供行走的道路，後來由這個意義派生出途徑、方法、道理、規律、學說、引導等義項，這些義項都是「道」的引申義。再如「表」也是會意字，從毛，從衣，本義為衣服的表面，而以下義項為引申義：外面、表揚、標誌。

　· 通假義

又稱「假借義」。通假義是指與漢字本義沒有關係的意義。一個字被通假作他字用，是漢字特有的一種現象。如「然」字本義為燃燒，此字表示「對」、「這樣」等義時，與原義毫無關聯，為「然」字的通假義。「北」字本義為「向背」之背，「敗北」用了「北」字的引申義，而「山南水北」用的是「北」字的通假義。「信」字本義為「誠信」義，《周易·繫辭》「尺蠖之屈，以求信也」中「信」與「屈」相對而言，意思是伸展，用的是通假義。

　· 同義詞

語音有別，有一個或幾個意義相同、相近的一組詞。這組詞屬於同一詞類，但它的補充意義或感情色彩、運用場合等方面有差異。如《禮記·曲禮上》說：「天子死曰崩，諸侯曰薨，大夫曰卒，士曰不祿，庶人曰死。」這裡說到的幾個詞都是死的意思，但在古代，各自

的運用場合不同，這些詞稱做同義詞。

‧同源詞

也叫「同族字」、「同源字」。指音、義都很接近的一組詞，包括三種情況：音義皆近、音近義同、義近音同。各字有同一來源，常以某一概念為中心，在音、義上會很相近。如果語音毫無關涉，或音雖近而意義相去極遠，都不能構成同源字關係。耦、偶、隅、遇、藕等形聲字，聲旁相同，都有駢偶義，同源。大水缺口為「決」，玉器缺口為「玦」，器皿缺口為「缺」，中間留有缺口的宮廷大門為「闕」，四字音近、義近，同源。

三 古漢語工具書

在瞭解一些漢語漢字的基本知識之後，我們閱讀古籍時，還要經常查閱一些工具書，也即是字典、詞典、典故類的工具書。下面介紹其中最為常用的。

‧《說文解字》

我國現存最早的字典，東漢許慎著。作者創立了五四〇個部首，按照形體相似或者意義相近的原則，將所收九三五三個漢字排列組織為秩序井然的系統。它所開創的以部首統帥漢字的字典編排法，又稱「部首檢字法」，一直為後世的字典所沿襲。作為一部字典，《說文解字》主要解釋字的形、音、義。它的體例是：一般先列小篆形體，然後進行說解；說解中先釋字義，次釋字形的構成，多數字還用「某

聲」或「讀若某」說明其讀音。突出特點是：通過分析漢字的形體結構說明每個字的造字本義。《說文解字》是語言文字學的經典著作，歷代研究《說文解字》的人不計其數，形成了一門「說文學」，其中以清人段玉裁的《說文解字注》成就為最高。

．《玉篇》

我國現存的第一部楷書字典，南朝梁顧野王著。是《說文解字》之後又一部大型字書，全書收二二〇〇〇餘字，採用的就是許慎所創設的編排方法，只是部首略有調整歸併，分為五四二部。

．《康熙字典》

成書於康熙年間（1662-1722）的御定大型字典，收字四七〇三五個，是在《漢語大字典》編定之前收字最多的一部字典，由總纂官張玉書、陳廷敬主持完成。全書在明梅膺祚的《字彙》與張自烈的《正字通》二書的基礎上再加增訂。仍採用部首分類法，採用梅膺祚所歸併的二一四個部首，每字均列出《廣韻》等韻書的注音，釋義一般都同時引錄例句。《康熙字典》問世以來一直受到讀書界的重視，時至今日，它仍是閱讀古籍、從事古文化研究的重要參考書。新近重新修訂的《康熙字典》由社會科學文獻出版社出版，對原版進行了大量增補與修訂，收錄漢字達五七五五七個，比《漢語大字典》多。

．《爾雅》

儒家的「十三經」之一，我國最早的一部解釋詞義的書，是中國古代的詞典。作者不詳，產生於戰國末至漢初。書名「爾雅」的意思

是：用近前的、統一的規範語言解釋古代的與各地方言的詞語。全書十九篇，前三篇解釋普通語詞，編排方式是將同義詞排列在一起，最後用一個較通行的同義詞作解釋。第四至七篇解釋社會生活的名詞，包括稱謂詞，以及與居住、器物和音樂等相關的語詞。第八篇開始直到最後，解釋自然萬物的專名。此書實際上建構了一個自成系統的知識體系，從人際關係到日常生活，從衣食住行到山水景觀之物再到人類視野的生物。在這個知識體系中，自然知識占的比重非常大，所涵蓋的古代生物學的知識尤其豐富。所以，《爾雅》成為古代博物學家的重要典籍。

·《辭源》

兼有字典、詞典、類書等性質的古漢語工具書。陸爾奎等幾十人編纂，一九一五年出版正編，一九三一年出版續編。以收古書上的詞語典故為主，又兼收百科知識詞條。一九五八年以來，開始對舊版《辭源》進行修訂。修訂時確立了與《辭海》、《現代漢語詞典》分工的原則，刪去原版中的現代自然科學、社會科學和應用技術的詞語，專收古代文史的詞語及與此有關的百科詞條，一九七九年修訂本出版。該書字頭的排列，全依《康熙字典》的排列方法，分二一四部部首，以字系詞。字詞釋義，注重徵引較早的用例，注重溯源。因此，是閱讀古書的基本工具書。

·《廣韻》

全稱《大宋重修廣韻》，是北宋時代官修的一部韻書，由陳彭年、丘雍等奉旨在前代韻書的基礎上編修而成，是完整保存至今並廣

為流傳的最早、最重要的一部韻書。韻書是指按漢字的韻來編排的字典。《廣韻》一書收錄二六一九四個漢字，分二〇六韻，按聲調分為五卷。每個字均用「反切」方法註明讀音，按照字音對字義作出解釋，有的還引經據典，解釋得十分詳細。此書最大的價值在於記錄了從六朝到唐代（這時期，人們習慣稱之為中古時期）漢語的字音和字義，為後人研究這一時期的語音面貌保存了完整而詳細的資料。因此，此書被視為古漢語專業的經典著作。

· 《佩文韻府》

清代官修的大型辭藻典故辭典，專供文人寫詩作賦時選詞和尋典之用的工具書。清張玉書、陳廷敬、李光地等奉敕編纂。全書收單字約一萬個，把單字按韻分為一〇六部，每一字下標註讀音和較早的字義，下收尾字與標目字相同的詞。如在「上平聲七虞韻」下「珠」字頭，收錄了貫珠、宛珠、照乘珠、買櫝還珠、甓社湖珠等三五一個詞。每個詞均列出出處，如「宛珠」下引書是《史記》中所錄的李斯《諫逐客書》。為利於寫詩作賦，該書所收的多數字都有「對語」一項，收錄可供該字的對偶用例，如「珠」字下收有「虹玉」與「鳳珠」、「月鏡」與「風珠」等對例。此外，還有「摘句」一項，收有「波月動連珠」、「照乘走隋珠」等句。

第四編

姓名與稱謂

姓名本不過是人的代碼，但在中國文化中，一個人不僅有姓氏，還有名有字號，稱謂的方式複雜無比。而各種人倫關係，更是中國文化的特有景觀。這種種內容反映了中國文化注重人際關係的特色，反映了多方面的歷史內涵。它們對周邊國家和民族，如越南、日本、朝鮮等國家也產生過重大影響。

■ 一 姓名字號

在閱讀古書的時候，常會碰見繁多的名、字、號等等不同的說法，它們究竟是怎麼回事呢？這是不可不知的。

・姓氏

上古有姓有氏，姓是族號，氏為姓的分支。我國遠古社會的氏族部落各有不同的姓，黃帝是姬姓，炎帝是姜姓。後來，周王室及魯、晉等封國諸侯是姬姓，封國諸侯中的齊是姜姓，秦是嬴姓。再後來，由於子孫繁衍散居，同姓者發展出許多分支，稱為氏。如姬姓下分孟氏、季氏、孫氏、游氏。戰國之後，人們往往以氏為姓。姓氏最初是貴族專有的，平民沒有。先秦古書中的弈秋、庖丁等平民，都有名無姓。漢代以後，上自天子，下至平民都可以有姓了。

・名字

古人一般有名有字。一般是出生三個月後由父親取名。男子二十歲行冠禮，表示成年，然後有字；女子十五歲許嫁舉行笄禮，開始有字。名與字一般都有意義上的聯繫，如班固字孟堅，張衡字平子，韓

愈字退之，朱熹字元晦。有的人有幾個字，如唐代草聖張旭字伯高，一字季明。名與字的使用有別，名供長輩呼喚，字則供平輩和晚輩稱呼。

· 別號

古人在名和字之外，往往還有「號」，又叫「別號」。名、字不是自己所取，而別號則多為本人所取，用以表達自己的情趣、寄託。如歐陽脩晚年號「六一居士」（謂琴、棋、書、酒、古碑加上他本人一老翁），表明了他晚年生活的情趣。明末畫家朱耷號「八大山人」（「八大」上下連寫似「哭」非「哭」，似「笑」非「笑」），借此抒發明亡後其內心的苦悶。

· 謚號

古代王侯、名臣死後，朝廷往往根據他們生前的德行，給予一種稱號以褒貶善惡，這就是謚號。謚號有三種：一種是褒揚性的，如文、景、惠、昭等，如漢文帝、漢景帝都是褒揚性的謚號；又如韓愈成就卓著，謚文，有韓文公之稱。第二種是批評性的，如厲、煬等，如周厲王、隋煬帝，而稱奸臣秦檜為「謬丑」則是一種「惡謚」。第三種是表同情的，如哀、懷等，如魯哀公、楚懷王。

知識點擴展

【私謚】謚號中有一種不出於朝廷，而由門人、故吏為著名文士學者議謚的稱為「私謚」。如東晉陶淵明的私謚是「靖節征士」，北

宋林逋的私諡為「和靖先生」。

· 齋號

統稱文人的堂館、齋室之名。如南宋詩人楊萬里的齋名為「誠齋」，清代文人紀昀、蒲松齡的堂齋之名分別為「閱微草堂」和「聊齋」。室名、齋號常常也成為其主人的代稱，於是有「聊齋先生」蒲松齡、「飲冰室主人」梁啟超、「觀堂」王國維等稱呼。

■ 親屬稱謂

傳統中國人重視人情，看重親緣關係，其中一個表現是親屬關係的稱謂異常細密，十分豐富。

· 六親

「六親」即六種親屬。六親具體指哪六種親屬，歷來眾說紛紜，大致有以下幾種：一說指父子、兄弟、姊妹、甥舅、婚媾、姻婭；二說指父子、兄弟、夫婦；三說指父母、兄弟、妻子；四說指父母、兄弟、從父兄弟、從祖兄弟、從曾祖兄弟、同族兄弟；五說指父、母、兄、弟、妻、子，此是現代較為通行的說法。現代漢語中，六親也泛指親屬。

· 五倫

指君臣、父子、兄弟、夫妻、朋友之間五種倫理關係。也稱「五常」，指人與人之間的五種基本關係。

・父母

父母並稱有「二老」、「雙親」。古人還有「高堂」、「怙恃」、「椿萱」等並稱。

・父親

關於父親的稱呼，在《史記》中，劉邦用「太公」之稱，又曾對項羽說「吾翁即若翁」，其中「翁」即父親。後世對父親有很多不同的稱呼：稱自己父親為家尊、家君、家嚴、嚴君、嚴親、家大人；稱對方父親為令尊、大君、尊君、尊公、尊翁、尊府、尊甫、尊大人。此外，還有以「椿庭」為父親代稱的。

・母親

對母親的稱謂，最常見的就是「母」，古今習用。文人多以「萱堂」、「堂萱」為對母親的敬稱。萱草，又稱為忘憂草。「萱堂」原指母親所居之處的代稱，故又用為對母親的敬稱；又簡稱為「堂」，稱對方母親為令堂、尊堂，就是由此而來。此外，古代官紳人家一夫多妻很普遍，於是有「生母」、「親母」等諸多名稱，生身母親若為父親正妻，則稱生母；若為妾出，稱己母為親母，稱父親的正妻為「嫡母」。若自己是父親正妻所生，則稱父親的妾為庶母、少母。此外，又稱父親的妾為姨、阿姨、姨娘、姨太太。

・考妣

在先秦時期是對父母的異稱，無論生死均可用。後世則稱死去的

父親為皇考，死去的母親為皇妣。後又改稱先考、先妣。

· 祖父母

父之父為祖父，古稱王父，又稱大父，也稱為公、太公、翁、阿翁、太翁等。父之母為祖母，古稱王母、大母。

· 叔伯

父之兄為伯父，父之弟為叔父，簡稱伯、叔。伯父也可稱世父。幾個叔父也按排行次序，分別稱為仲父、叔父、季父。伯父、叔父之妻稱為伯母、叔母。叔母後來又稱為嬸。

· 外家

即母親和妻子的娘家。母親之父，稱為外祖父，又稱為外王父、外大父。外祖母，又稱為外王母。母親之兄弟，古今均稱舅、舅父。舅母，宋代開始又稱為妗、妗子、妗娘。母親的姊妹，先秦時稱為從母，秦漢以來則稱為姨、姨母。姨母之夫稱姨父或姨夫。妻之父母，早期稱舅姑。後來妻之父改稱外舅、外父、丈人、妻父等。唐以後還有以下稱呼：泰山、岳丈、岳父。相應的，妻之母稱為丈母或岳母。妻之兄弟，最常稱為舅，又稱為妻舅、舅子或內兄、內弟。妻之姊妹，古今均稱為姨，也稱妻妹、內妹。妻的姊妹的丈夫，古代稱為亞，或稱為友婿，唐宋以來多稱為連襟。

· 親家

指兩家兒女相婚配形成的親戚關係，即稱女兒的公婆、兒子的岳

父母為親家。

・夫妻

夫、丈夫，本是成年男子的美稱。後世，丈夫、大丈夫、美丈夫等均為男子美稱，夫、夫君、夫婿則為妻稱夫的名稱。此外，良人、郎、郎君、官人等都是文學作品中常見的妻稱夫的名稱，比較書面化的還稱為外子。夫稱妻多稱賢妻，稱呼對方之妻有令妻、夫人和尊夫人等名，對他人稱己妻有山妻、拙妻、荊妻、拙荊、荊人、荊婦、拙內、賤內、內人、內子等稱呼。稱呼貧窮時共患難的妻子為糟糠之妻，或簡稱為糟糠。小君、細君，最早用以稱諸侯之妻，後來作為妻子的通稱。梓童，則為皇帝對皇后的稱呼。此外，古代官宦人家多有妻有妾，正妻又稱為正室、嫡妻、嫡室，其餘的妻子一律稱妾，或側室、別室、別房、偏房、如夫人等。值得注意的是，舊時，女子還將妾、妾身等作為自稱的謙詞。

・兄弟

兄弟的稱呼有昆仲、昆季、棣萼、壎篪、手足、友於等。美稱對方兄弟為昆玉。此外，舊稱地位高的弟弟為介弟，敬稱對方兄弟也說介弟。兄之妻為嫂，弟之妻稱弟媳。兄弟之妻互稱為姒娣或妯娌。伯叔之子，稱為從兄弟，俗稱堂兄弟、叔伯兄弟。

・姊妹

姊古稱為女兄，妹為女弟。姊妹之夫，稱為姊夫、妹夫或姊婿、妹婿。

‧姻親

又稱姻婭，或寫做姻亞。因婚姻關係而結成的親戚，如連襟。

‧中表兄弟

姑母之子女、舅父之子女、姨母之子女，統稱為表兄弟、表姊妹，古稱中表兄弟。姨母之子也可稱姨兄弟。

‧子女

古代稱呼兒子主要有以下名：男、息、兒。子息、兒息、賤息、弱息等名為書面語，兒男、兒郎等名為口語。另，正妻所生之子稱嫡子、嫡嗣、宗子等，妾出之子則稱庶子、餘子、孽子等。稱呼對方之子為哲嗣、公子。稱呼對方之女為愛或嬡，也稱為令嬡、千金。兒子之妻，最初只稱為婦，後因兒子稱息，又稱為息婦，又作媳婦。女兒之夫為婿，或稱為女婿、快婿、門婿等。晉以後，文士又常將女婿稱為東床。

知識鏈接

【東床一詞的來歷】東晉時，郗鑒派人到會稽望族王導家去物色女婿，看見王家少年個個都不錯。聽得消息後，王家少年一個個流露出矜持的神色。只有一人坦腹東床，正吃胡餅，好像不知道這回事一樣。郗鑒說：「這個人正是我要物色的好女婿！」此人就是後來的大書法家王羲之。以後，人們就稱女婿為「東床」或「令坦」。

古人稱呼方式繁多，直呼姓名的情況較少，而稱字、稱號的較多。此外，常見的稱呼他人的方式還有：

三 稱呼方式

‧稱籍貫

如唐代詩人孟浩然是襄陽人，故而人稱其為孟襄陽；張九齡是曲江人，故而人稱其為張曲江；柳宗元是河東（今山西永濟）人，故而人稱其為柳河東；北宋王安石是江西臨川人，故而人稱其為王臨川；清初學者顧炎武是江蘇崑山亭林鎮人，被稱為顧亭林；康有為是廣東南海（今屬廣東佛山）人，人稱其為康南海；北洋軍閥首領袁世凱是河南項城人，人稱其為袁項城。

‧稱郡望

郡望即郡中的貴顯氏姓，如魏晉時清河的張姓、太原的王姓，兩晉南朝時琅邪王氏、太原王氏、會稽謝氏、汝南周氏等。以郡望自稱或稱人，在古代很常見。如韓愈雖為河內河陽（今河南孟縣）人，但因昌黎（今遼寧義縣）的韓氏為唐代望族，故韓愈常以「昌黎韓愈」自稱，世人遂稱其為韓昌黎。再如蘇軾本是四川眉州（今四川眉山市）人，可他有時自稱「趙郡蘇軾」，就因為蘇氏是趙郡（今河北趙縣）的望族。

‧稱官名

以官名相稱在古代相當普遍，一般是在所任各官中取其官階最高

的來稱，以表示敬重，如：阮籍曾任步兵校尉，世稱阮步兵。嵇康曾拜中散大夫，世稱嵇中散。王羲之官至右軍將軍，至今人們還稱其為王右軍。王維曾任尚書右丞，世稱王右丞。杜甫曾任左拾遺，故而被稱為杜拾遺；又因曾被薦為檢校工部員外郎，故又被稱為杜工部；劉禹錫曾任太子賓客，被稱為劉賓客。柳永曾任屯田員外郎，被稱為柳屯田。蘇軾曾任翰林學士，被稱為蘇學士。

．稱爵名

爵位是給貴族的封號，一般皇族封王，其他貴族封爵分公、侯、伯、子、男五等。封爵包括爵位等級和具體爵名。稱人爵名，是一種敬稱。諸葛亮封爵武鄉侯，所以後人稱他為武侯；謝靈運襲其祖謝玄的爵號康樂公，故世稱謝康樂；唐初名相魏徵封爵為鄭國公，故世稱魏鄭公；名將郭子儀在平定安史之亂中因功封爵汾陽郡王，世稱郭汾陽；大書法家褚遂良封爵河南郡公，世稱褚河南；北宋王安石封爵荊國公，世稱王荊公；司馬光曾封爵溫國公，世稱司馬溫公；人們以誠意伯來稱呼明初大臣劉基，因為這是他的封爵。

．稱官地

指用任官之地的地名來稱呼。如賈誼曾被貶為長沙王太傅，世稱賈長沙；「建安七子」之一的孔融曾任北海相，世稱孔北海；陶淵明曾任彭澤縣令，世稱陶彭澤；駱賓王曾任臨海縣丞，世稱駱臨海；岑參曾任嘉州刺史，世稱岑嘉州；韋應物曾任蘇州刺史，世稱韋蘇州；柳宗元曾任柳州刺史，世稱柳柳州；賈島曾任長江縣主簿，世稱賈長江。

· 稱行第

行第即兄弟排行的次序。古人喜以排行相稱，尤以唐人為甚。白居易有詩題為《編集拙詩成一十五卷因題卷末戲贈元九李二十》，其中元九即元稹，李二十即李紳。唐代詩文中常見的如李白為李十二，高適為高三十五，白居易為白二十二。行第以同曾祖的兄弟排算。

· 稱謂自家人

古人稱自家人時，常用「家」、「舍」等詞，如家父、家母、家兄、舍弟、舍妹、舍侄。稱「家」或「舍」有區別，「家」用以稱輩分高或年紀大的親屬，「舍」用以稱自己的卑幼親屬。唐以後，為表親切，稱呼同宗也加「家」。

· 稱謂已故者

一般在稱謂前面加「先」，如稱已死的皇帝為先帝，稱已故的父親為先考或先父，稱已故的母親為先慈或先妣，稱已故的有才德者為先賢。

· 朋友稱謂

古人非常重視朋友，所以關於朋友的稱呼很多。情誼契合、親如兄弟的朋友叫「金蘭之交」，情投意合、友誼深厚的朋友叫「莫逆之交」，同生死、共患難的朋友叫「刎頸之交」，在遇到磨難時結成的朋友叫「患難之交」，貧賤而地位低下時結交的朋友叫「貧賤之交」，從小一塊兒長大的異性好朋友叫「竹馬之交」，以平民身分相交的朋

友叫「布衣之交」，輩分不同、年齡相差較大的朋友叫「忘年交」，不拘於身分、形跡的朋友叫「忘形交」，不用敬稱，適合用「你、我」之類的隨便稱呼來相處的朋友叫「爾汝交」，不因貴賤的變化而改變深厚友情的朋友叫「車笠交」，在道義上彼此支持的朋友叫「君子交」、「道義交」，心意相投、相知很深的朋友叫「神交」，彼此慕名而未見過面的朋友也叫「神交」。

知識點擴展

【八拜之交】宋代邵伯溫的《邵氏聞見錄》中有一段故事：文彥博聽說國子博士出身的李稷待人十分傲慢，就對人說：「李稷的父親曾是我的門人，有父死失教的問題，如果他不改，我得教訓他。」文彥博後任北京守備，李稷上門來拜謁。文彥博故意讓李稷在客廳坐等，過了好長時間才出來接見他。見了李稷之後，文彥博說：「你的父親是我的門客，你只要對我拜八拜。」李稷不敢造次，向文彥博拜了八拜。文彥博以長輩的身分挫了李稷的傲氣。後來，「八拜之交」即成為世交子弟對長輩的禮節。另外，也將異姓結為兄弟稱為八拜。歷史上也有如下八個感天動地的友情故事：

（1）知音之交──伯牙與子期
（2）刎頸之交──廉頗與藺相如
（3）膠膝之交──陳重與雷義
（4）雞黍之交──范式與張劭
（5）捨命之交──左伯桃與羊角哀
（6）生死之交──劉備、張飛和關羽

（7）管鮑之交——管仲與鮑叔牙

（8）忘年之交——孔融與禰衡（又指范雲與何遜）

・稱呼晚輩

呼叫晚輩時，用「爾」、「而」、「汝」、「渠」等詞，也可用「豎子」、「小子」等兼有訓斥與愛暱雙重含義的詞。「豎子」、「小子」若用於平輩，則為輕慢、斥罵之意。

・分年齡的稱謂

古代對不同年齡階段的人有很多不同稱謂，如：「襁褓」是指未滿週歲的嬰兒，「孩提」是指幼兒，「黃口」、「垂髫（tiáo）」是指兒童（髫，古代兒童頭上下垂的短髮），「總角」是指少年兒童。「荳蔻」是一種初夏開花的植物，後用以比喻未成年人，稱少年時代為「荳蔻年華」。又「舞勺之年」、「舞象之年」分別指 13 歲和 15 歲。「及笄」指女子 15 歲，「束髮」指男子滿了 15 歲（到了 15 歲，男子要把原先的總角解散，紮成一束），「弱冠」指男子 20 歲，「而立」指男子 30 歲（立，即立身、立業），「不惑」指男子 40 歲（不惑，即不迷惑、不糊塗），「知命」指男子 50 歲（知命，即知天命）。60 歲稱花甲之年、耳順之年。70 歲稱古稀之年、懸車之年、杖國之年、從心之年。80 歲稱杖朝之年。90 歲稱鮐背之年。80-90 歲也合稱耄（mào）耋（dié）之年。100 歲稱期頤之年，又可稱為人瑞。

・百姓稱謂

常見的有布衣、黔首、黎民、生民、庶民、黎庶、蒼生、黎元、

氓等。

．謙稱

一般表示謙遜態度的自稱有：愚（謙稱自己不聰明）、鄙（謙稱自己學識淺薄）、敝（謙稱自己或自己的事物不好）、卑（謙稱自己身分低微）、竊（即私下、私自之意，表示自己冒失或唐突）、僕（謙稱自己是對方的僕人，使用它含有為對方效勞之意）。

古代帝王的自謙詞有：孤（小國之君）、寡（少德之人）、不穀（不善）、朕。古代官吏的自謙詞有：臣、下官、末官、小吏等。讀書人的自謙詞有：小生、晚生、晚學，表示自己是新學後輩；不才、不佞、不肖，則表示自己沒有才能或才能平庸。

其他自謙詞有：因為坐席時尊長者在上，所以晚輩或地位低的人謙稱「在下」；「小可」是有一定身分的人的自稱，意思是自己很平常，不足掛齒；「小子」是子弟晚輩對父兄尊長的自稱；老人自謙時用老朽、老夫、老漢、老拙等；女子自稱「妾」；老和尚自稱「老衲」；對別國稱自己的國君為「寡君」；表示自己謙卑時也稱自己的名。

知識鏈接

【奴才與臣】清代制度，滿族官員在皇帝面前自稱「奴才」，漢官則自稱「臣」。

・敬稱

也叫尊稱，用以表示尊敬客氣的態度。主要有：

對帝王的敬稱有萬歲、聖上、聖駕、大王、天子、陛下等。駕，本指皇帝的車駕。古人認為皇帝當乘車行天下，於是用「駕」代稱皇帝。古代帝王認為他們的政權是受命於天而建立的，所以稱皇帝為「天子」。古代臣子不敢直達皇帝，就告訴在陛（宮殿的台階）下的人，請他們把意思傳達上去，所以用「陛下」代稱皇帝。

一般對皇太子、親王敬稱殿下，對將軍的敬稱麾下，對使節稱節下，對三公、郡守等社會地位較高者稱閣下。對老師的敬稱有：夫子、師。對一般長者的敬稱有：公、先生、丈等。對於朋輩的敬稱有：君、子、足下。另外，稱自己的名，也是尊敬對方的表示。

相關知識點

【「拜」字類】拜讀：閱讀對方的文章。拜辭：與對方告辭。拜訪：訪問對方。拜服：佩服對方。拜賀：祝賀對方。拜識：結識對方。拜託：托對方辦事情。拜望：探望對方。

【「奉」字類】奉達（多用於書信）：告訴，表達。奉復（多用於書信）：回覆。奉告：告訴。奉還：歸還。奉陪：陪伴。奉勸：勸告。奉送、奉贈：贈送。逢迎：迎接。奉托：拜託。

【「惠」字類】惠存（送人照片、書籍等紀念品時所題的上款）：請保存。惠臨：指對方到自己這裡來。惠顧（多用於商店對顧客）：

來臨。惠允：指對方允許自己（做某事）。惠贈：指對方餽贈（東西）。

【「恭」字類】恭賀：恭敬地祝賀。恭候：恭敬地等候。恭請：恭敬地邀請。恭迎：恭敬地迎接。恭喜：祝賀對方的喜事。

【「垂」字類】垂愛、垂憐（都用於書信）：稱對方對自己的愛護。垂青：稱別人對自己的重視。垂問、垂詢：稱別人對自己的詢問。垂念：稱別人對自己的思念。

【「貴」字類】貴幹：問人在做什麼。貴庚：問人年齡。貴姓：問人姓。貴恙：問對方的病。貴子：稱對方的兒子（含祝福之意）。貴國：稱對方國家。貴校：稱對方學校。

【「高」字類】高見：高明的見解。高就：稱呼對方供職的單位。高齡：稱老人（多指六十歲以上）的年齡。高壽：用於問老人的年齡。高足：稱呼別人的學生。高論：稱別人的議論。

【「大」字類】大伯：除了指伯父外，也可尊稱年長的男人。大哥：可尊稱與自己年齡相仿的男人。大姐：可尊稱女性朋友或熟人。大媽、大娘：尊稱年長的婦女。大爺：尊稱年長的男子。大人（多用於書信）：稱長輩。大駕：稱對方。大師傅：尊稱和尚。大名：稱對方的名字。大慶：稱老年人的壽辰。大作：稱對方的著作或文章。大札：稱對方的書信。

【「敬」字類】用於自己的行動涉及別人的情況。敬告：告訴。敬賀：祝賀。敬候：等候。敬禮（用於書信結尾）：表示恭敬。敬請：

請。敬佩：敬重佩服。敬謝不敏：表示推辭做某件事。

【「請」字類】請問：用於請求對方回答問題。請坐：請求對方坐下。請進：請對方進來。

【「屈」字類】屈駕（多用於邀請人）：委屈大駕。屈就（多用於請人擔任職務）：委屈就任。屈居：委屈地處於（較低的地位）。屈尊：降低身分俯就。

【「光」字類】光顧（多用於商家歡迎顧客）：稱客人來到。光臨：稱賓客到來。

【「俯」字類】俯察：稱對方或上級對自己理解。俯就：用於請對方同意擔任職務。俯念：稱對方或上級體念。俯允：稱對方或上級允許。

【「華」字類】華誕：稱對方生日。華堂：稱對方的住宅。華翰：稱對方的書信。華宗：稱人同姓。

【「老」字類】老伯、老大爺、老太爺：可尊稱老年男子。老前輩：尊稱同行裡年紀較大、資格較老、經驗較豐富的人。老兄：尊稱男性朋友。

【「雅」字類】雅教：稱對方的指教。雅意：稱對方的情意或意見。雅正（把自己的詩文書畫等送給人時）：指正批評。

【「玉」字類】玉體：稱對方身體。玉音（多用於書信）：尊稱對方的書信、言辭。玉照：稱對方的照片。玉成：成全。

【「芳」字類】芳鄰：稱對方的鄰居。芳齡（多用於年輕女子）：稱對方的年齡。芳名（多用於年輕女子）：稱對方的名字。

　　【其他敬辭】鼎力、包涵、斧正、留步、笑納、府上、指正、賜教、久仰、璧還。

第五編

禮制與職官

中國是禮儀之邦，禮的制度、職官的制度自遠古以來就慢慢形成，然後不斷被鞏固、傳承和發展。

職官制度主要與政治生活相關，但因為古代政治與文人關係緊密，因此，職官制度就是古人的基本知識。古代職官制度的演變，充分體現出古代政治的以下特點，即一方面在向集權化、專制化方向發展，另一方面又仍然受早期民主化、理性化政治制度的制約。

禮的制度、禮在日常生活中的運用，是中國儒家文化的具體表現形式，深刻地影響著中國人的生活方式和思維方式，因此完全可以說：在古代，不學禮，就沒法做人，無法與人交往。

▉ 基本禮制

古代的禮儀制度很嚴密。不同社會階層的人，禮儀不同。上層貴族繁多、嚴密，下層人民則較為寬鬆和隨意。不同時期，禮儀制度也有較大區別，總的看來，經歷了由嚴格到寬泛的演化。

・五禮

古代的五種禮制，包括吉禮、凶禮、軍禮、賓禮、嘉禮。

・吉禮

「五禮」之一，是對天神、地祇、人鬼的祭祀典禮。包括祀天神，如昊天上帝，祀日月星辰，祀司中、司命、雨師等；祭地祇，如社稷、五帝、五嶽、山林川澤、四方百物；祭人鬼，如先王、先祖。

· 凶禮

「五禮」之一，指用於弔慰家國憂患方面的禮儀。包括喪葬禮、荒禮、吊禮、恤禮、襘（guì）禮等。後多特指喪葬、持服、諡號等禮儀。

· 軍禮

「五禮」之一，即國家有關軍事方面的禮儀。原包括大師之禮、大田之禮、大均之禮、大役之禮、大封之禮五類。漢代以後專指軍旅禮儀，如明代的軍禮內容為親征、遣將、受降、奏凱獻俘、論功行賞、大閱、大射、救日伐鼓等。

· 賓禮

「五禮」之一，即邦國間的外交往來及接待賓客的禮儀活動。如天子受諸侯朝覲、天子受諸侯遣使來聘、天子遣使迎勞諸侯、天子受諸侯國使者表幣貢物、宴諸侯或諸侯使者。此外，自王公以下直至士人相見禮儀，也屬賓禮。

· 嘉禮

「五禮」之一，即喜慶典禮，包括冠、婚、燕、饗、射等活動中的禮儀。如君主登基、冊皇太子、策拜王侯、節日受朝賀、天子納后妃、太子納妃等都屬嘉禮，而冠、婚之禮則為上自天子、下至平民通用的嘉禮。

．宗廟祭祀

宗廟又稱太廟、祖廟，是供奉祖先的廟。古代統治者把宗廟視為國家的象徵，古代天子、諸侯必有宗廟。國家一旦發生大事時，則必告於宗廟。古代宗廟，上古時只有五廟，包括始祖一廟，高祖、曾祖、祖父、父親各一廟。周朝時則定為七廟，後代也有建九廟的。古代卿大夫也立宗廟。

．四時之祭

指周代天子和諸侯在宗廟內按季節進行的四種例行祭祀。每一個季節的祭祀名稱各不相同。春祭叫——礿（yuè），夏祭叫——禘（dì），秋祭叫嘗，冬祭叫烝。

．月祭

每月初一舉行的祭祀，名叫「朝廟」。按古制，周天子於每年的夏秋之際向各國諸侯頒發曆書，曆書主要寫明來年有無閏月、每月初一（朔日）是哪一天。諸侯將曆書藏於太廟，每月初一，宰殺一隻羊親臨告祭宗廟，稱「告朔」；然後戴著皮弁在太廟聽治政事，稱「視朔」；然後再祭於諸廟，稱做「月祭」。以上禮儀在同一天內連續進行。

．社稷祭祀

社稷在古代也是國家的象徵。社，是土神；稷，是穀神。古代祭祀土神與穀神的祭儀稱社稷，祭祀土、穀神的地點也稱社稷。古人以

農為本，春秋時祭祀社稷是為了祈求穀物豐收。古代祭祀社稷所用的壇稱社稷壇。先秦時期，社壇與稷壇分開，社壇在東，稷壇在西。明太祖時，社稷合為一壇，呈方形。

・天地祭祀

古代帝王祭天地的最隆重儀式稱「封禪（shàn）」。其中祭天為封，祭地為禪，合稱封禪。一般由帝王親自到泰山頂築土為壇，舉行祭祀。這是因為泰山為五嶽之首，稱為岱宗，故至此祭天。然後再到泰山腳下的梁父山、社首山闢場祭地，報地之德。

・伏臘祭

臘祭簡稱臘，是古代農村每年舉行的祭禮，在十二月冬至之後舉行。通常以臘肉做祭品，祭祀百神。伏祭也是古代農村每年舉行的祭禮，通常在每年夏至第三個庚日以後舉行，即所謂的六月伏日舉行。其儀式是殺狗祭神，「伏」指殺狗（「伏」是「副」的同音假借，「副」即殺之意）。

・犧牲

祭祀用的牛、羊、豕之類的牲畜。「犧」指色純的牲畜，「牲」是指牛、羊、豕等。天子祭祀用牛，稱「太牢」；諸侯祭祀用羊，稱「少牢」。用於祭祀的牛羊數量有具體的等級規定。

・玉帛

指祭祀用的璧、琮、束帛。璧形制呈平圓形，正中有口，祭祀國

君時用，祭者將璧放在束帛之上，然後上供。琮呈方形或長筒形，祭祀國君夫人時用，祭者將琮置於束帛之上，然後上供。

·鼎

夏、商、周三代祭祀用的最重要的禮器，被稱做「國之重寶」。多為圓形三足，很少方形四足的。古代有禹鑄九鼎之傳說，九鼎象徵著雍、兗、冀、青、徐、豫、梁、揚、荊九州，表示一統天下的意思，因此叫「重寶」。古代統治者的子孫在鼎上銘刻祖先功績，收藏在宗廟。地位不同，鼎數也不一樣。祭天子九鼎，諸侯七鼎，卿大夫五鼎，元士三鼎。

·齋戒

古人在祭祀或遇有重大事件發生時，事先要沐浴、更衣、獨居，以使心地純淨，這些活動叫做「齋戒」。齋戒又分為「齋」與「戒」。齋又稱「致齋」，戒又叫「散齋」。古有「七日戒，三日齋」之說。致齋是宿於內室，散齋是宿於外室。散齋七日，停止參加一切娛樂活動，也不參加哀悼喪禮。齋戒時，忌葷食（忌食有辛味、臭氣的食物）。

·屬纊

古代漢族喪禮儀式之一。即在臨終時，用新的絲絮（纊）放在其口鼻上，試看是否還有氣息。屬，即放置。後來，屬纊用為臨終的代稱。

．喪葬

古代喪葬禮分為五個階段，分別稱為復、殮、殯、葬、服。

．招魂

又稱為「復」，古代喪禮程序。人死後，在停屍期間，由專人呼喚死者的靈魂歸於屍體，即「招魂」。招魂自前方上到屋頂，手持壽衣呼叫死者名、字，共叫三聲，然後從後面下屋，將壽衣敷死者身上；不醒，然後再辦理喪事。

．殮

喪禮程序之一，其儀式又分大殮和小殮。小殮是給死者裹上衣衾，越是富有者，所加衣衾就越多。大殮是把死者的屍體裝入棺材。殮時，死人口中須「飯含」，所謂飯含是指將米、玉等物分別放在死者口中。

．殯

入殮後，停喪待葬叫「殯」。是指親人去世後，不願早早離去，停在家中，像對待賓客似的對待已死者，故稱做「殯」。「殯」時，死者置於室內，用泥塗於棺木之上停放。殯的時間長短不一，富貴人家「殯」的時間長。普通百姓無地行殯，往往草草埋葬。

．棺槨

裝殮屍體的器具，稱棺材、靈柩、棺槨（guǒ）。天子、諸侯、士

大夫的棺不止一重，有的在內棺外還加有槨，棺、槨之間有空隙，可用來放置隨葬品。

· 入葬

即將死者入土安葬。墓穴又稱「窀穸（zhūnxī）」。入葬時，上古時期曾以活人殉葬，隨後又以俑（人形的木偶或土偶）陪葬。另外，還陪葬一些用器、什物。

· 五服

喪禮大殮之後，親屬按照與死者關係的親疏穿上不同的喪服，叫「服」或「成服」。古代喪服制度分斬衰（服期三年）、齊衰（服期一年）、大功（服期九個月）、小功（服期五個月）、緦（sī）麻（服期三個月）五個等級差別，稱為「五服」。衰（cuī）就是用粗麻布製成的毛邊喪服。這一喪服制度標誌了直系血緣關係與旁系血緣關係的尊卑、親疏差異。服喪期間在墓旁搭小屋居住，看守墳墓叫「廬墓」或「廬冢」。

· 丁憂

又叫守制、丁艱，是古代的守喪制度。是指在任官期間，父親或祖父母去世，需辭官守喪，時間名為三年，但只要有三個年頭就可，實際上是二十五至二十七個月。然而，個別高官要員因公務繁忙而不能離任守喪的，可以由朝廷命令其穿素服辦公，這種做法叫做「奪情」。

知識點鏈接

【告喪】古代中原文化認為，父母死後，子女要迅速通知有關親屬和鄉鄰。唐宋以後，流行以放鞭炮的方式向鄉鄰報喪致哀。

【奔喪】古代漢族認為，接到父母喪訊後，兒女應首先以哭來回報使者，然後詳問父母死因；問畢又哭，哭畢即應上路奔喪。奔喪路上，應該吃素。早上見星而行，晚上見星始止，不避晝夜。臨到家鄉時，應「望鄉而哭」；若是奔國君喪，則「望都而哭」。因病殘、臨產、坐月子等原因不能奔喪的子女，則應寄物以弔。

・朝聘

周代各國諸侯，按規定時間覲見天子稱做「朝」。每逢朝見天子時，都要攜帶玉帛、獸皮、珍玩和奇異特產等貢品，稱之為「朝貢」。諸侯之間遣使互相通問叫「聘」，小規模的聘叫「問」，通稱「聘問」，按規定使者也需攜帶玉帛相贈。

・盟誓

兩國或兩人以上互相宣誓約定協同辦事稱「盟」。會盟時一般要舉行殺牲、歃血，並宣讀盟書，向神發誓。國家遇有急難時，諸侯間臨時約定會見，舉行盟禮，共同約定，相互援助，稱「會盟」。諸侯之間用語言相互約束，表示互不違背信約，稱做「誓」。誓與盟的不同之處即在於舉行禮儀時，誓禮不用殺牲、歃血。

・田獵

又寫做「畋獵」。由於古代大規模狩獵，常依軍事組織進行，實際上起著訓練和檢閱武力的作用，故田獵也包括在軍禮中。

・冠禮

也叫成年禮、成丁禮。男孩在十五歲左右，把頭髮束成髻，盤在頭頂，稱為「弱冠」。年滿二十歲時，不再梳童髻，而在頭上結髮，用笄束好，上面再戴上帽子。冠禮之後的男子就已具有成人資格了，因為還沒達到壯年，故稱弱冠。

・及笄

笄是古代婦女盤頭用的頭飾。女子滿十五歲要進行笄禮。笄禮，就是女子結髮插笄的禮儀。女子用笄標誌著已經成年了，可以進行婚配了。

・六禮

古代婚禮中，一般要經過納采、問名、納吉、納徵、請期、迎親六個過程，這六個過程就叫做「六禮」。

・合巹

是指新婚夫婦各用一片瓜瓢喝酒漱口，表示自此後相親相愛。在合巹（jǐn）的早期規定中，酒器是「四爵合巹」，即由四隻爵和用一個匏瓜剖成的兩隻巹共六隻酒器供新婚夫婦裝酒漱口。這種禮儀到宋

代發生變化，上古的合巹改稱交杯酒。把兩個酒杯用綵線連接成同心之類的彩結，飲交杯酒的方法是新婚夫婦交互傳杯共飲，這種禮儀一直流傳到後世。

相關知識

【文定】即訂婚，語出《詩經・大雅・大明》。

【合八字】八字，古代星命家以出生的年、月、日、時，各配以天干地支，每項兩個字，合稱「八字」，據以推算人的命運。古時訂婚，男女互換「八字帖」，查二人八字是否相剋。

【三書】即聘書、禮書和迎親書。聘書即定親之書，表示男女雙方正式締結婚約。禮書即過禮之書，是禮物清單，當中詳列禮物種類、數量。迎親書即迎娶新娘之書，結婚當日接新娘過門時用。

【結髮】本指女子許嫁時的繫纓束髮，後移指成婚當晚的夫脫婦纓。另外一種說法是，新婚夫婦，在飲交杯酒前各剪下一絡頭髮，綰在一起表示同心。後來，人們就稱首次結婚為「結髮夫妻」，即元配夫妻；若再婚，男方稱續絃。

【見舅姑】古婚禮中新媳婦拜見公婆的儀式。親迎的次日，新媳婦早起，沐浴盛裝，天剛明即拜見舅姑。這是整個婚禮的最後一個環節。

【回門】新娘在婚後三天或七天或九天由丈夫陪同回娘家，行拜門禮。

【義絕】夫妻間情義斷絕。按照禮法，夫可休妻，妻不可休夫，但在義絕前提下，妻子可以離開丈夫。

【七出】古代丈夫按禮制可遺棄妻子的七種理由：不順父母；無子；淫癖；嫉妒；惡疾；多口舌；盜竊。

【三不去】有三種情況丈夫不能遺棄妻子：妻曾經為公婆守孝三年；娶時男方貧賤，後來富貴；女方娘家已無人。

【三從四德】三從，指未嫁從父，既嫁從夫，夫死從子。四德，指德、容、言、工。是古代禮法對婦女的規範，是封建禮教的主要內容。

【秦晉之好】春秋時，秦、晉兩國國君幾代都互相通婚，後稱兩姓聯姻為「秦晉之好」。

【舉案齊眉】古代妻子為丈夫捧膳食時要舉案於眉，後世作為夫妻相敬如賓的代稱。典故出自《後漢書‧梁鴻傳》。

【琴瑟之好】夫妻相親相愛、感情和諧。

‧大饗禮

是指宴飲活動。天子宴請諸侯，或者諸侯相互宴請，稱之為「大饗」。飲宴時要奏樂，場面非常隆重。

三 常見禮俗

日常生活中的禮俗，最能引起今人的興趣，而且其中生動地體現出中國傳統文化的特色。

· 拜揖

古代見面或分別時表示禮節的方式，包括跪拜、拱手、作揖等形式。跪拜，是叩頭禮，有「九拜」的不同，包括稽（qǐ）首、頓首、空首、振動、吉拜、凶拜、奇拜、褒拜、肅拜。古人相見行跪拜禮是嚴肅的禮節，通常只在莊重的場合施行。平常見面，為求簡便迅捷則行拱手、作揖等禮節以表示禮貌。拱手禮比較簡便，形式是人站立，兩手合抱於胸前，通行的慣例是左手抱住右手。作揖和拱手相近，以雙手抱拳上下左右晃動的動作表示禮貌。對不同的對象行作揖禮在動作上有區別。

· 稽首

最隆重的跪拜禮，臣拜君，子拜父，郊祀拜天、拜神，新婚夫婦拜天地、拜父母，廟祭拜祖，弟子拜師，對死去的親人拜墓、拜墳，都需行稽首禮。先拜，然後雙手合抱按地，頭伏在手前邊停留一會兒，頭至地停留一定的時間，整個動作較緩慢。

· 頓首

指地位相當之人互用的跪拜禮。頓首只須俯身引頭至地，隨即便起。因頭觸地時間短暫，故稱頓。後代在書信的結尾書「頓首」，作

為尊敬的客套語。

・稽顙（sǎng）

顙即額頭。居父母之喪時跪拜賓客之禮，屈膝下拜，以額觸地，表示極度悲痛。後也用於請罪。

相關知識

【三跪九叩】下跪三次，每次三叩首，為最重的禮儀。朝廷大典時臣下朝見皇帝時的正式禮節。

【清代跪拜禮】清代大臣晉見皇帝行跪拜禮後，不再站起來，只能跪著回答皇帝的問話，這是中國曆代官僚在皇帝面前最卑微的表現。

【再拜】拜兩次，表示禮節隆重。再拜之禮，用於平輩之間。書信結尾處常用的「再拜」，為對尊長的客套話。

【百拜】多拜的意思。

【膜拜】一種拜禮的方式。行禮時，兩手放在額上，長時間下跪叩頭。原專指禮拜神佛時的一種敬禮，後泛指表示極端恭敬或畏服的行禮方式。

【鞠躬】表示恭敬、謹慎、莊重的禮節的形式。兩腳併攏，兩手下垂於大腿兩側，彎曲上身，彎曲的幅度越大表示禮越重。

【折腰】即拜揖。鞠躬下拜，表示屈辱之意。後來引申為傾倒、崇拜。

【唱喏】男子給人作揖的同時出聲致敬的一種民間禮節。

【道萬福】女子禮節。唐宋時婦女與人見面行禮的同時常口道「萬福」，意為祝對方多福。行禮時雙手手指相扣，放至右腰側，彎腰屈身以示敬意。

【請安】即問好，為卑幼對尊長的問候禮，平輩之間有時也以此為禮。始於遼代，盛於北方。一足跪，另一足立地，垂手近踝關節。後來又演變為垂右手屈左膝。婦女則「請雙安」，即以手撫雙膝，且同時屈之。

【握手】古人運用較少，一般是表示互相友好歡快的心情，如有「握手言歡」的成語。

・跪

兩膝著地，直立身子，股不沾腳跟，為跪。跪而聳身，挺腰，則稱跽，又稱長跪。跪一般是人有急事或表示謝罪時用，直身，兩股離開腳跟。跽是跪起，準備站起的姿勢，但膝仍然在地上保持較長時間。跪是從古代的坐法演變而出的。

相關知識

【坐】古人在正式場合中席地而坐，姿勢為兩膝著地，兩股著於

腳跟。

【踞】一種較為省力的坐法。姿勢是腳板著地，兩膝聳起，臀部向下而不貼地，和蹲一樣。

【箕踞】最不恭敬的一種隨意坐法。姿勢是臀部貼地，兩腿張開，平放而直伸，像箕一樣。在他人面前箕踞是對對方的不尊重，這種坐法又是不拘小節的表現。

・趨

趨即快步走，近似小跑地走向尊者、貴者、長輩、賓客，表示一種敬意，是一種卑賤者見尊貴者的禮儀。古代各種交際禮俗中，趨禮較為常用。

相關知識

【走、行、步、奔】古代的「走」，相當於現代漢語中的跑。古人所說的「行」，就是今天說的走。古人所說的「步」，相當於今天的漫步。古人所說的「奔」是飛跑、狂跑的意思。

・座次

中國很講究座次，以此體現尊卑之別。古代建築通常是堂室結構，前堂後室。在堂上舉行的禮節活動是南向為尊。皇帝聚會群臣，他的座位一定是坐北向南的。因此，稱王稱帝叫南面，稱臣叫北面。但在室內安排的各種活動，最尊的座次是坐西面東，其次是坐北向

南，再次是坐南面北，最卑是坐東面西。

知識鏈接

【鴻門宴的座次】《史記》的記載是：項王、項伯東向坐，范增南向坐，沛公北向坐，張良西向侍。這次宴會顯然在室內進行，項王座次最尊，范增其次，沛公劉邦再次，張良座次最卑。

【左與右】古人尚右，以右為尊，如「左遷」即表示貶官。如《史記》說：「以相如功大，拜為上卿，位在廉頗之右。」但是古人乘車的禮俗則又不同，乘車時以左位為尊。因為在乘坐車輦時，主座居左，御者居中，另有一人陪坐，稱車右或驂乘。一般情況下，御者用右手拿鞭，主位居右的話，就會妨害君王，因此主位就居左了。

【席次】古代宴會席次如下圖所示，若宴會在堂上，尊席面南，主人席位在末；若在室內，則尊席面東。另外，多桌的宴席，有上桌與散座的區別：上桌講究席次，散座則不分。

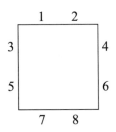

・投刺

投名帖求見或代為拜賀。把自己的姓名、籍貫、官爵和要說的事

寫在削好的竹片上或紙上，叫「謁」或「名帖」。唐宋以後，名帖的使用相當盛行。學生、下屬拜謁老師和上級，都得先投遞名帖，然後方能謁見。到明清之際，又有只投刺、不見面的習俗。拜客者並不是真的想拜客，只望門投刺，表明來過了，於禮不失。所拜之人，有的根本就不認識，拜客者甚至連馬都不下。

・寒暄

問候起居寒暖的客套話。多在拱手的同時說「久仰久仰」或「幸會幸會」，然後詢問對方家人是否安好等。與人初次見面，還包括「請教尊姓台甫」的話，問對方的姓、字。

・見面執摯

古人見面禮儀。摯通「贄」，即禮品。古人拜謁尊長及走親訪友應攜帶見面禮物，各種身分地位的人有不同的規定。

・回拜

古語有「來而不往，非禮也」之說，所以，客人來訪後需要回拜。最初回拜以異日為敬，後世則以同日為肅，近代回拜日期較為隨意。另外，客人來訪帶有見面禮，起初回拜時應送還客人帶來的禮物。但後世回拜時若原物送還，是拒絕對方、不受禮的意思。

・擁彗

古代迎賓禮儀。彗即掃帚。賓客至，家中僕人雙手拿著掃帚躬身門前迎接，意思是說家中已打掃乾淨，歡迎客人光臨。

· 祖道

為出行者祭祀路神和設宴送行的禮儀。如《漢書》載，西漢將領李廣率軍出擊匈奴之前，「丞相為祖道，送至渭橋」。有時簡稱為「祖」，如《戰國策‧燕策三》荊軻刺秦王一節載：「至易水上，既祖，取道。」後引申為餞行送別。

· 餞行

也稱「餞別」，泛指以酒食送行。有親友出遠門，必辦酒席為之送別。

· 侍飲

指晚輩應邀在長輩面前飲酒。通常要先行跪拜禮，然後坐入次席。長輩命晚輩飲酒，晚輩才可舉杯；長輩酒杯中的酒尚未飲完，晚輩也不能先飲盡。

· 酒桌禮儀

古代飲酒的禮儀約有四步：拜、祭、啐、卒爵。主人和賓客一起飲酒時，要相互跪拜。接著把酒倒出一點灑在地上，祭謝大地生養之德，為祭。然後嘗嘗酒味，並加以讚揚，叫啐；最後仰杯而盡，叫卒爵。酒宴上，主人要向客人敬酒，叫酬；客人要回敬主人，叫酢；客人之間相互也可敬酒，叫旅酬。有時還要依次向人敬酒，叫行酒。敬酒時，敬酒的人和被敬酒的人都要「避席」，起立。普通敬酒以三杯為度。

三 職官

中國古代職官系統如何，古書中常見的那些官職各是什麼性質，這些職官的職能是什麼，這些是本節要介紹的內容。

· 丞相

是在國君之下輔助國君處理政務的最高官職。商代把丞相叫尹；春秋時叫卿；秦朝稱丞相；漢朝承秦制，仍叫丞相，也稱相國；唐以後稱為宰相；清朝稱中堂。

· 三公

西周指太師、太傅、太保，是天子的顧問。到了秦朝，權力高度集中，設立丞相，掌全國政務；太尉，掌軍事；御史大夫，掌監察兼秘書，合稱「三公」。明清時期也有三公，與西周相同，不過都是榮譽性虛銜，用以封贈大臣。

· 三省

指中書省、門下省、尚書省。隋唐時期，三省共同執行宰相的職務。中書省管決策，門下省管審議，尚書省管執行。中書省長官稱中書令，下有中書侍郎、中書舍人等官職；門下省長官稱侍中，下有門下侍郎、給事中等官職；尚書省長官稱尚書令，下有左、右僕射等官職。

．樞密院

宋代官制。宋代中央政權被掌握在中書省和樞密院兩處。前者掌政權，後者掌兵權。明清均不設樞密院。

．內閣

明代廢除丞相一職，設置文華殿、華蓋殿、武英殿、文淵閣、東閣諸大學士作為顧問，參與機務，稱做內閣。大學士成為內閣成員，其中有力者成為實際上的宰相，號稱輔臣。首席大學士稱元輔或首輔，主持內閣大政，一般以文華殿大學士為首輔。

．九卿

漢朝所設，分管各方面政務，具體指：奉常，掌祭祀禮儀；郎中令，掌宮殿、掖門；衛尉，掌警衛；太僕，掌車馬；廷尉，掌刑罰；典客，掌少數民族及對外事物；宗正，掌皇家事務；治粟內史，掌財政；少府，掌稅收。後世又演變為三省六部制。

．六部

隋朝正式設立六部，分別為吏、戶、禮、兵、刑、工部。各部以尚書、侍郎為正、副長官。吏部，管官吏任免、升降、考核等事；戶部，管土地戶口、賦稅財產等事；禮部，管典禮、科舉、學校等事；兵部，管軍事；刑部，管司法刑獄；工部，管工程營造、屯田水利等事。各部的長官稱為尚書，副職稱侍郎，下有郎中、員外郎、主事等官職。六部是歷代中央政府的主要政務部門，六部制從隋唐開始實

行，一直延續到清末。

・六寺

明清都有六寺。六寺是指：大理寺，掌審判；光祿寺，掌典禮；鴻臚寺，掌交際；太常寺，掌祭禮；太僕寺，掌車馬；司農寺，掌倉廩。各寺長官稱卿，從三品或正四品；副長官稱少卿，從四品或正五品。它是由九卿轉化而來的。

知識鏈接

【令尹】尹，本義為治事，引申為地方官的通稱，如京兆尹、河南尹、州尹、縣尹等。戰國時楚國執掌軍政大權的長官，稱為令尹，相當於丞相。

【左徒】戰國時楚國的官名，與後世左、右拾遺相當。主要職責是規諫皇帝、舉薦人才。屈原就曾任楚懷王左徒。

【拾遺】官名。唐武則天時置左、右拾遺，掌供奉諷諫。宋改為左、右正言。後隨設隨罷。

【御史】本為史官，秦以後置御史大夫，職位僅次於丞相，主管彈劾、糾察官員過失諸事。

【尚書】最初是掌管文書奏章的官員。隋代始設六部，唐代確定六部為吏、戶、禮、兵、刑、工，各部以尚書、侍郎為正副長官。

【侍郎】初為宮廷近侍，東漢以後成為尚書的屬官。唐代始以侍

郎為三省（中書、門下、尚書）各部長官（尚書）的副職。如唐代韓愈曾先後任過刑部、兵部、吏部的侍郎。

【侍中】原不屬正規官職，但後因侍從皇帝左右，地位漸高，等級超過侍郎。魏晉以迄南朝，往往成為事實上的宰相。

【郎中】戰國時為宮廷侍衛。自唐至清成為尚書、侍郎以下的高級官員，分掌各司事務。

・郡守

秦漢推行郡縣制，主要行政區是郡。郡的長官叫郡守，漢朝稱太守。秦漢的郡，有些後世演變為州，郡守與後世的州刺史相當。

・刺史

隋唐主要的行政區是州，州官稱刺史。它的下屬有長史、司馬等。唐代在一些軍事重鎮設節度使。

・知州

宋代基本上是州、縣兩級制。州直屬中央，由中央派朝臣為其行政長官，稱知州，縣官稱知縣。明清時，改州為府，府的長官稱知府。

・巡撫、道台

清代實行省、道、府、縣四級制，省的長官叫巡撫或總督。總督常管一省或幾省，綜理軍民要政，類似於現在的軍區司令。巡撫總攬

一省的軍事、吏治、刑獄等，相當於現在的省長。總督、巡撫兼稱封疆大吏。作為省的分置機關有道，長官稱道台，管轄府州。

相關知識

【縣令】一縣的行政長官，又稱知縣。

【里正】古代的鄉官，即一里之長。

【里胥】管理鄉里事務的公差。

· 將帥

西周時軍政不分，作戰時，一般分左、中、右三軍，一般由周王直接統帥中軍兼任三軍總指揮。春秋時，晉國置上、中、下三軍，各設將、佐二人，由國君任命三軍將領，稱將上軍、將中軍、將下軍，簡稱將軍、將中軍又稱元帥。將軍、元帥之名由此得來。魏晉時稱統兵的元帥為大都督。

· 節度使

唐代開始設立的地方軍政長官。因受職之時，朝廷賜以旌節，故稱。兼有軍事、行政、監察三方面職能，或稱都督，有的稱總管，邊州還另置經略使，有的還置營田使。

· 教頭

宋代兵制有禁軍、廂軍、鄉兵、藩兵之分，而以禁軍為主要軍事

力量，負責教練禁軍武藝的軍官稱都教頭、教頭。

．提轄

宋代禁軍的調動權歸樞密院，由皇帝直接控制。在路或府、州設馬步軍都總管，或提轄兵甲，簡稱提轄。

相關知識

【長史】秦時為輔助丞相的屬官，如李斯曾任長史，相當於丞相的秘書長。兩漢以後成為將軍屬官，是幕僚之長。東漢改西域都護府為西域長史府。曹魏設立西域長史府。

【校尉】兩漢時期次於將軍的官職。唐以後此職地位漸低。

【從事】中央或地方長官自己任用的僚屬，又稱從事員。

【參軍】參謀軍務的簡稱，最初是丞相的軍事參謀，晉以後地位漸低，成為諸王、將軍的幕僚。隋唐以後逐漸成為地方官員，如杜甫曾任右衛率府冑曹參軍、華州司功曹參軍，白居易曾任京兆府戶曹參軍。

．官品

指官員的等級。西周時官員有九命之別，九命最高，一命最低。漢代以祿石的多少作為官位高低的標誌。曹魏時官分九品，一品最高，九品最低。縣令一般為正七品。隋朝把每品分正、從品，共十八等，為後世所承襲。

・階官

又稱散官，宋代稱寄祿官，是表示官員品級的稱號。漢代以前擔任某種官職的人享受某一等級的待遇是固定的。魏晉以後，有些官稱並沒有實際職務，如光祿大夫、中散大夫等，只作為領取俸祿和享受某種待遇的依據，這種官稱做散官，又叫階官。因此，階官與職事官的品級不一定相符，待遇仍按階官的品階。

・勛爵

勛官是授給有功官員的一種榮譽稱號，沒有實職。北周時本以獎勵有功的戰士，後漸及朝官。唐代勛官有上柱國、柱國、上大將軍等十二等，起正二品，至從七品。明又分為文勛十一階、武勛十二階。清代勛官合併於爵位。爵位，是表示社會地位和物質待遇的一種尊號，一般根據與皇室的血緣親疏或功勞大小授給，長期不變，很多情況下可以世襲。一般只有皇族封王，異姓重臣一般封公、侯、伯、子、男。

・上卿

周代官制，天子及諸侯皆有卿，分上、中、下三等，最尊貴者謂「上卿」。如齊桓公即位後，管仲為上卿，廉頗也曾被拜為上卿。

相關知識

【士大夫】根據西周宗法制度，周天子之下按等級秩序為諸侯、卿大夫、士、庶民四個主要等級。其中，卿與大夫細分有高低之別，

士則是統治階層中地位最低的層次。後世，士、大夫合成一詞，用以指官吏或較有聲望、地位的知識分子。

· 任職授官

這些用於官爵的任命有：任、授、除、拜、封。追封已故的死者稱「贈」。征、辟、薦、舉，多用於布衣任官。

· 提升職務

稱擢、升，用於由低官到高官。進，用於較高的職務。加，是指在本官之上再加更高官銜。起復，用於恢復原職務。

· 降級免職

稱罷、免、解，指不是因為嚴重過失而解除職務。貶、謫，是因為過失而降級。革、褫，是指撤職查辦。開缺，是奉命或自請解職；致仕，是帶職退休；左遷，是降職使用。

· 調動職務

稱移、調、徙、遷、量移，是調於比原職稍好的地方任職。補，是由候補而正式任命。

· 兼職

領，以本官兼比較小的他職。攝，是指暫時兼代比本官更高的職務。權，是臨時代職。行，是指代行某職但還沒有官銜。署，代理無本官的職務。護，是指原官短期離職，臨時守護印信。

· 印綬

　　古代印璽通用，璽是用金玉製成的。秦以後，璽為帝王專用。帝王的專用玉璽歷代遞用，王侯襲封之印也世代相傳。官員的官印從漢武帝之後，換官不換印。漢印分金、銀、銅三等，宋代以後官印一般只是銅印，但仍習稱為金印。綬，用來繫印的絲帶，長一丈二尺，寬三尺。古代常用不同顏色的綬來標誌官吏的身分和等級。漢代的官印小，繫在綬上隨身攜帶。後代官印的形制大了，官員們不再佩印，但佩印之說仍一直保留。

· 魚袋

　　隋唐時朝廷頒發的符信叫魚符，也叫符契。雕木或鑄銅為魚形，並在上面刻上文字，剖作兩半，由兩個人掌管。用的時候，兩半往上一對，符合了才能執行任務，這是為了防止發生詐偽等事故而設的。皇帝把魚符分別給親王和五品以上官員隨身佩帶，既顯示貴賤，又可用於徵召。隨身魚符用袋裝著，叫魚袋。三品以上官員的魚袋裝飾著金絲，叫金魚袋。五品以上飾銀，稱銀魚袋。宋代廢棄。

· 笏

　　是大臣上朝時所持的手板。其作用一是大臣上朝前把啟奏的事簡要地寫在笏上，以免覲見時遺忘或出差錯；二是用笏把臉擋著，表示不敢直視君王。不同官階用不同質料的笏，唐朝時，五品以上官員用象笏，六品以上用木笏。

‧冠

古代官員的冠，也是用來區別官階高低的標誌。各朝代官員所戴的冠不同，區分的標誌也不相同。

‧花翎

是清朝禮冠上插的孔雀翎，是一種等級高低的標誌。花翎上的眼，指的是孔雀翎上眼狀的圓花紋，一圈為一眼。翎眼的多少則反映了官職等級的差異，五品以上官員可用單眼花翎，六品以下用單眼藍翎。雙眼、三眼花翎得由皇上特賞，三眼花翎只賞給親王、貝勒。

‧帶

即腰帶，唐以後歷代官員用以區別等級的珮飾。各朝代區分的標誌不盡相同，通常所說的「玉帶」，只有一品官員才有資格佩帶。

‧食祿

就是古代官吏的俸祿。先秦時主要是食邑制，卿大夫們把封地所收的賦稅作為俸祿。到了宋代，俸祿即有俸錢、祿米，又有絹、綾、棉、薪等實物，名目繁多，各朝各代都不相同。

第六編

衣食與節日

中國古人的生活面貌，在他們的飲食、服飾和節日生活中得到生動的表現。而在吃的、喝的、穿的等細枝末節中，幾乎無一不體現出中國傳統文化的特色。我們今天說的「飲食文化」、「服飾文化」、「節日文化」都充分說明：物質的生活中有歷史文化、民族文化的深廣信息。所以，學習中國傳統文化，不可小看了古人的物質生活。

■ 食物與食器

不同地域、不同種族的人，在飲食習慣上是不同的，這首先受制於物質條件，但同時也有歷史形成的文化習性。下面從古人的食物與食器的角度加以觀察。

· 六穀

本來是五穀，但五穀之說有兩種不同的說法：一種說是稻、黍、稷、麥、菽（大豆），另一種是指麻、黍、稷、麥、菽。後來，把兩種說法一綜合，就成了六穀了，即稻、麻、黍、稷、麥、菽。

· 主食

古代用糧食作物製成的主食，主要有以下幾種：糗（qiǔ），是炒熟的米、麥等穀物；糧是指乾糧，主要供行軍作戰或出門旅行時食用；餅，將麥與米（稻、黍）搗成粉後，加水團成餅狀。

· 肉食

在古代，牛、羊、豕（shǐ）為三牲，用於祭祀。牛是古代重要

的生產工具，因此十分珍貴，只有貴族才能吃到牛肉，平民百姓只能吃羊肉和豬肉。在古代，野豬稱豵（zhì），家養豬稱豕。大豬稱豕，小豬稱豚。另，豬、豕、豵又是不同方言區對豬的不同稱呼。

・炙、膾、醢、脯、羹

古代的烤肉有兩種，燒鮮肉叫炙（zhì），烤乾肉叫燔（fán）。膾是細切的魚或肉。醢（hǎi）是肉或水產品做的醬。脯是乾肉，動物的內臟也可以制脯；脯又稱脩（xiū），束脩就是指成捆的脯。羹，則是一種肉汁。

・五葷

也叫「五辛」，古人把常食用的五種辛辣的食物稱之為五葷，並不是指魚肉葷腥。五葷，煉形家以小蒜、大蒜、韭、蕓薹、胡蔥為五葷；道家以韭、蒜、蕓薹、胡蔥、薤（xiè）為五葷；佛家以大蒜、小蒜、興渠、慈姑、薤蔥為五葷。後代一般指蔥、韭、薤、蒜、興渠。

・重陽糕

九月九日重陽節為孝敬老人而做。南朝時已有。多用米粉、果料等作為原料，製法因地而異，主要有烙、蒸兩種，糕上插五色小彩旗，夾餡並印雙羊，取重陽之意。另外，還要在糕面上撒上一些木樨花，故重陽糕又叫桂花糕。

．社糕

春秋二季的社日（立春及立秋後的第五個戊日分別為春社和秋社）做的。品種繁多，因用料各異而又有諸多花樣的別稱，如菊花糕、黃米糕等。

．花糕

分兩種。一種用糖面做，中間夾有兩層至三層細果，用以美觀。一種在蒸餅的表面隨意加些棗、栗或西瓜的子仁。

．年糕

指用黏性大的米或米粉蒸成的糕，是中國農曆年的應時食品。年糕有黃、白兩色，象徵金銀。年糕又稱「年年糕」，與「年年高」諧音，寓意人們的工作和生活一年比一年提高。

．蒸餅

用蒸的方法製成的一種餅，又叫「籠餅」，即今之饅頭。

．環餅

古代食品名。俗稱「饊（sǎn）子」。用麵粉、糯米粉加鹽或蜜、糖，搓成細條，油煎而成。形狀個別，或為麻花，或柵狀。因起於寒食節禁火，用以代餐，亦稱寒具。

．湯餅

起初實際就是麵片湯，是將調好的麵糰托在手裡撕成片下鍋煮熟。後又叫煮餅，即今之切麵。

．胡餅

又稱饢（náng）、爐餅。由少數民族流傳而來的一種食品。以麵粉為主要原料，多為發酵的麵，但不放鹼而放少許鹽。饢大都呈圓形，且花樣很多，原料豐富。

．饅頭

原作「蠻頭」或「曼頭」，據說是諸葛亮征討孟獲時，按照以人頭作祭供品的蠻俗，用麵粉包裹羊肉、豬肉做成人頭形以代。後由此衍生出饅頭的麵食：用麵粉發酵蒸成，形圓而隆起。原本有餡，後北方稱無餡的為饅頭，有餡的為包子。

．食器

古代常用的食器有皿，是盛飯食的用具，兩邊有耳。盆，敞底而上寬，盛物用的。盎，是一種大腹斂口的盛物器。

三 茶文化與酒文化

中國古代的飲料主要有茶、酒兩類，這些與人們的基本生存關係不大，但卻關涉著人的精神生命，茶文化、酒文化也成了中國文化的重要部分。

‧茶宴

通常，茶宴分為調茶、獻茶、聞茶香、觀茶色、品茶味、評茶、敘誼等環節。燒水、沖沏、遞接、器具、啜飲等與品茗有關的茶藝，都自然包含其中。茶宴進行時，一般先由主持人親自調茶，以表敬意。而後一一奉給赴宴賓客，這便是獻茶。賓客接茶後，先打開碗蓋聞香，再低頭觀色，接著便是舉碗嘗味。一旦茶過三巡，便開始評論茶品，稱讚主人品行好、茶葉美，隨後的話題是即景敘情。茶宴始於南北朝，興於唐代，大盛於宋代。

‧鬥茶

又叫鬥茗、茗戰，即比賽茶的品第的茶事活動。在唐代已經出現，到宋代則不僅流行於上層社會，還普及到民間。鬥茶的勝負標準，主要有兩方面：一看湯色，即茶水的顏色。一般標準是以純白為上，青白、灰白、黃白則等而下之。色純白，表明茶質鮮嫩，蒸時火候恰到好處。二看湯花，即指湯面泛起的泡沫。湯花的色澤與湯色密切相關，標準一樣。另外，湯花泛起後，水痕出現早者為負，晚者為勝。如果茶末研碾細膩，點湯、擊拂恰到好處，湯花勻細，有若「冷粥面」，就可以緊咬盞沿，久聚不散。這種最佳效果，名曰「咬盞」。反之，湯花泛起，不能咬盞，會很快散開。湯花一散，湯與盞相接的地方就露出「水痕」（茶色水線）。

‧蒸青團餅茶

唐代主要的茶類。使用蒸青方法製作。茶葉採來後，先放在甑釜

中蒸一下，然後將蒸軟的茶葉用杵臼搗碎，再把搗碎的茶末，放在鐵製的規承（模）中，拍壓製成團餅，將茶餅穿起來烘焙至乾，封存。

· 龍鳳團茶

宋代製茶技術發展很快，北宋盛行的是做成團片狀的龍鳳團茶。其製作，包括蒸茶、榨茶、研茶、造茶、過黃、烘茶六道工序。茶芽採回後，先浸泡在水中，挑選勻整芽葉進行蒸青，蒸後冷水清洗，然後小榨去水，大榨去茶汁，去汁後置瓦盆內兌水研細，再入龍鳳模壓餅、烘乾。

· 炒青綠茶

唐代開始出現，經歷代進一步發展，到了明代，炒青製法日趨完善。據載，其製法大體為：高溫殺青、揉捻、復炒、烘焙至乾，工藝與現代炒青綠茶製法非常相似。

· 《茶經》

唐陸羽著。陸羽字鴻漸，號桑苧翁，又號東岡子，人稱之為「茶聖」。此書分三卷，共有十個部分：一之源，二之具，三之造，四之器，五之煮，六之飲，七之事，八之出，九之略，十之圖。此書全面系統地介紹了我國茶的起源、發展、製作工藝和飲茶藝術，是世界上第一部茶書，也是中國茶文化形成的標誌性文獻。

· 《茶錄》

宋蔡襄著。蔡襄，字君謨，「北宋四大書家」之一，又是宋代茶

藝家。此書分上、下兩篇，分別論述了茶的製作、收藏、點茶的方法和茶事的用具，是一部對後世影響很大的茶文化著作。

· 《大觀茶論》

宋徽宗趙佶關於茶的專論，成書於大觀元年（1107）。全書共二十篇，對北宋時期蒸青團茶的產地、採製、烹試、品質、鬥茶風尚等均有詳細記述。其中《點茶》一篇，見解精闢，論述深刻，從一個側面反映了北宋以來我國茶業的發達程度和製茶技術的發展狀況，也為我們認識宋代茶道留下了珍貴的文獻資料。

· 茶具

茶藝與茶具有很大關係，古人的品茗使茶具得到了發展。陸羽在《茶經》中開列的一套茶具有二十四種共計二十九件之多，為：風爐、灰承（盛放炭灰的鐵盤）、筥、炭撾（鐵製，用來敲碎大塊炭的小錘）、火夾（即火鉗）、釜（煮水的鍋）、交床、夾、紙囊、碾、拂末、羅、合、則、水方、漉水囊、瓢、竹夾、鹺簋（cuóguǐ）、揭、熟盂、碗、畚（běn）、札、滌方、滓方、巾、具列、都籃。

· 春酒

周代時期的名酒。釀造春酒的方法，直到南北朝時期，仍被奉為傳統工藝的經典。一般是在正月晦日取河水而製。

· 桂酒

源於春秋戰國時期的美酒。通常有兩種製法：一是用桂花浸製而

成；另一種是用木桂、牡桂、菌桂等藥材和酒麴一起入甕共同釀造而成。是一種滋補藥效的低度酒。

‧白墜春醪（láo）

《洛陽伽藍記》中記載：河東人劉白墜善於釀酒，季夏六月，用甕貯酒，放在日下暴曬，曬十天而不動酒甕。這種酒香美，喝醉了經月不醒。名叫鶴觴。帶著此酒外出，碰見盜賊，給他喝，使他不醒，就能擒住他。因此，又叫「擒奸酒」。

‧醽（líng）淥酒

兩晉南北朝至唐時期的名酒。有兩種說法：一說是魏徵所釀造的葡萄酒，製法可能源自西域。另一說認為是以淥水和酃（又寫做醽）湖水釀酒甘美而得名。

‧桑落酒

河東（今山西）桑落坊有井，每到桑落時，取水釀酒甚美，故名桑落酒。其製作方法大致在宋代時由河東傳入關中，並享盛名。

‧羊羔酒

亦稱「白羊酒」。創製於宋代。因使用肥羊製酒而得名。多在臘月製作。

‧蜜酒

此酒產於四川綿竹。西蜀道士楊世昌善作此酒，其製酒之方，因

經蘇軾介紹而廣為流傳。後有「東坡蜜酒」之說。

知識擴展

【酒的別稱】古代關於酒的別稱非常多，有：歡伯、杯中物、金波、鬯（jù chàng）、白墮、凍醪、壺觴、壺中物、酌、酤、醑、醍醐、黃封、清酌、昔酒、縹酒、青州從事、平原督郵、曲生、曲秀才、曲道士、曲居士、曲蘖、春、茅柴、香蟻、浮蟻、綠蟻、碧蟻、天祿、椒漿、忘憂物、掃愁帚、釣詩鉤、狂藥、酒兵、般若湯、清聖、濁賢、家釀、紅友、玉友、三酉、杜康。

· 釀酒

古代的酒一般是黍子或高粱煮爛後加上酒母釀成的，並不濃烈，濃烈的酒是元代以後出現的。經過一天釀製而成的酒稱「醴（lǐ）」，味甜；經過多次釀造的酒稱「酎（zhòu）」；釀好後不兌水，比較濃烈的酒稱「醲（nóng）」、「醇」。

· 《醉鄉日月》

唐皇甫崧著。皇甫崧，字子奇，新安（今安徽歙縣）人。此書原三十篇，有：飲論、謀飲、為賓、為主、明府、律錄事、觥录事、選徒、政令、令誤、骰子令、詳樂、旗旛令、下次據令、閃擊令、上酒令、並著辭令、按門、手勢、拒潑、逃席、使酒、勤學、樂觀、小酒令、雜法、進戶、醞法、風俗。這是我國第一部系統介紹飲酒藝術的重要著作，其中關於酒令的名目、程序與禮儀是書中的重要內容。此

書已散佚，部分內容存於他書中。

· 《北山酒經》

宋朱肱著。朱肱，字翼中，自號無求子，大隱翁。吳興人。此書為作者晚年歸隱西湖後所著。書分三卷，上卷總論，記酒的發展歷史；中卷記述曲配料名目、分量、加工及配製方法；下卷記造酒之法，對每道工序都註明方法及要點。其中記錄了白羊酒、地黃酒、菊花酒和葡萄酒等六種造酒法。這是我國較早完整論述酒的一部重要著作。

· 《酒譜》

宋竇著。竇，字之野，北宋仁宗時人。《酒譜》雜取有關酒的掌故、傳聞，按內容分類排比而成。內容包括酒的起源、名稱、歷史、酒事、公用、性味、飲器、禮儀等。此書是對北宋以前中國酒文化的彙集。

· 煮酒器

煮酒的器具有爵、角、盉（hé）、斝（jiǎ）等。爵，專用來溫酒的，下有三足，可生火溫酒，前有倒酒的槽，後有收縮成雀尾狀的「尾」，口上有二柱，呈圓形或方形。角，青銅製，形似爵而無柱，兩尾對稱，有蓋，用以溫酒和盛酒。盉，用青銅製成，多為圓口，腹部較大，三足或四足，用以溫酒或調和酒水的濃淡，盛行於中國商代後期和西周初期。斝，青銅製的酒器，圓口，三足。

·盛酒器

包括尊、觥（gōng）、彝、壺、卣（yǒu）等。尊，其形是敞口，高頸，圈足，尊上常飾有動物圖案，可按圖形稱龍虎尊、象尊等。觥，又作 （gōng），腹橢圓，上有提梁，底有圈足，獸頭形蓋，也有整個酒器作獸形的，並附有小勺。彝，呈方形或長方形，有蓋、有耳的酒器。壺，深腹，斂口，多為圓形，也有方形、橢圓等形制。卣，青銅製，橢圓口，深腹，圈足，有蓋和提梁。也有作圓筒形的，器形變化較多。盛行於商代和西周初期。

·飲酒器

包括觚（gū）、觶（zhì）、觥、盞、盅等。觚，長身，細腰，圓足，口像喇叭。觶，是常用的飲酒器，像大口瓶，有圓足，比較小巧、輕便。觥，是一種盛酒兼用做飲酒的器具，原形像一隻橫放的牛角，下面是長方圈足，有蓋，多作獸形。盞、盅都是指小杯。

三 服飾

穿衣事小，在早期人類那裡，基本只有實用的意義，要到物質生活資源比較豐富的情況下，服飾才成為人類自覺的審美追求。因此，通過服飾，可以瞭解一定的民族歷史。這就是下面介紹古人服飾的意義所在。

·縉紳

古代高級官吏的裝束。縉是插的意思；紳，大帶。後來人們把

「縉紳」作為有官職或做過官的人的代稱。

・龍袍

古代皇帝的服飾與其他大臣的不同，以示尊貴。從唐代時起，皇帝穿黃色的衣服，上繡金龍，俗稱龍袍；皇后也穿黃袍，上繡金鳳。其他人不得用此顏色，否則就是大逆不道。

・官服

歷代官吏都有固定的著裝，但各代又不盡相同。漢代文官一律穿黑色衣服。到北周時，開始出現了「品色衣」，就是按官階的不同穿不同的衣服。後代沿襲，但每一朝代的各級官員穿什麼樣的官服又各有各的規定。

・袞、褐

袞是天子與貴官的禮服。袞上繡有蜷曲形體的龍，後代的龍袍就是從袞演變而來的。褐是指一般平民百姓所穿的衣服。

・漢服

漢服的主要特點是交領、右衽，不用鈕子，而用繩帶繫結，給人灑脫飄逸的印象。這些特點都明顯有別於其他民族的服飾。漢服有禮服和常服之分。從形制上看，主要有上衣下裳制（裳在古代指下裙）、深衣制（把上衣下裳縫連起來）、襦裙制（襦，即短衣）等類型。其中，上衣下裳的冕服為帝王百官最隆重正式的禮服，袍服（深衣）為百官及士人常服，襦裙則為婦女喜愛的穿著。普通勞動人民一般上身

著短衣，下穿長褲。

．裘、袍

這是古人禦寒的冬服。裘是皮衣，古代穿皮裘毛朝外。但在行禮與會客時，則要在裘上加一件罩衣，罩衣古稱裼衣。袍，最初是絮有亂麻或緼的長襖，是窮困者之服。漢代以後，出現了絳紗袍、皂紗、要比袍，袍即成為朝服了。

．衣、衽、衿

衣指上衣，有方領、交領之分。古代中原漢族人的上衣都是右衽。衽即衣襟，指綴在上衣，留下燕尾形的兩條，用來遮掩下裳中的開口處。兩腿跪下後，兩旁的腿露在外面，那麼衽就垂下來遮蓋著雙腿。衿即上衣的交領。交領處有結，腰間繫帶，男用革，女用絲。

相關知識

【右衽】即 y 型衣領，即左邊的衣襟長大寬鬆，向右掩，在外；右邊衣襟較短，較緊窄，在內。右衽是漢服的關鍵性特點。

【左衽】即反 y 型衣領，前襟向左掩，異於中原漢族服裝的右衽。故左衽成為異族的代稱。

【袢】夏天穿的白色內衣。

【葛衣】用葛麻織成。《韓非子‧五蠹》：「冬日麑裘，夏日葛衣，雖監門之服養，不虧於此。」

【褐】貧民所穿的由粗麻或獸毛製成的短衣。

【䙝衣】指貼身上衣，又稱「澤」或「私」。

· 袂

袖子。斂袂（mèi），就是整理袖子，跪下稱臣。北方游牧民族的服裝由於適應遊獵放牧的需要，由短衣長褲和靴子組成。戰國時代趙武靈王的「胡服騎射」的政令，將胡服引進中原。

· 裳

裳是下衣，在古代指裙。先秦時代只有裳沒有裙。裳又分為裳和帷裳。裳的大體樣子是由七幅布聯結而成，前面由三幅連綴，後面由四幅連綴，腰部帶褶，褶的多少大小，以裳的上腰部與穿著者腰身粗細為度。

· 帷裳

或稱「幃」。古代朝祭時的服裝，用整幅布製成，不加裁剪。帷即「圍」。帷裳或幃，是裳的最初形式。

· 裙

漢代始見的字。裙是把幾幅布帛縫合起來成一筒狀。裳流行在前，裙興起於後，二者可能有過短暫的並行期，但很快裙代替了裳，那是漢代以後的事了。

·深衣

即衣連裳。周代人服裝。下襬不開衩，將衣襟拉長，掩住後面，大領、寬袖、長衫。此種形制一直延續到新中國成立初，今天的連衣裙也受深衣的影響。古代貴族平時穿深衣，為便服，而庶人以深衣為禮服。

·袴

又寫做「絝」，就是今天的褲子，古代又稱做「脛衣」。沒有前後襠，只有兩個褲筒，類似現在的套褲，只能穿在裡面，不能穿在最外層。

·冠

黑色的布帛做成，加上紅色的組纓，這是天子之冠。黑麻布做成的帽子，上面飾以布帛機頭（布匹的首尾，有纓穗），這是諸侯之冠。還有皮弁冠，冠頂尖尖的，由象骨支撐，外部用鹿皮製成，根據地位高低、職位大小，所加鹿皮塊數多寡不一。還有一種叫爵弁冠，這是僅次於冕的一種冠，一般寬八吋，長一尺二吋，前小後大，其色紅中帶黑，多用極細的葛布或絲帛製成。由於其形狀似古酒器爵，或形如鳥雀，所以叫爵弁冠或雀弁冠。最後說「袞冕」，那是繪有曲折盤旋的龍花紋的冠，只有天子才戴。庶人在加冠時，就裹上頭巾。

·冠冕

冕，上古最尊貴的禮冠，係黑色，是天子、諸侯及眾大夫在祭祀

的時候佩戴的。冕的上面是一塊長方形的木板稱「延」，延的前沿掛有一串串的小圓玉，稱做「旒」。天子、諸侯、大夫冕上的旒各有等差。到魏晉南北朝後，只有皇帝用冕，故「冕旒（liú）」成為帝王之代稱。冠，指貴族所戴的普通帽子，但其樣式與用途均與後代的帽子不同。古代男子用髮笄綰住髮髻後，再用冠束住。那時的冠戴起來像一根帶子，從前至後束在頭髮上，不像後世的帽子能將頭全部覆蓋住。

．弁

一種比較尊貴的冠，又分為「皮弁」與「爵弁」兩種。皮弁由白鹿皮製成，頂呈尖形，類似後代的瓜皮帽。在皮塊相接處綴有許多五彩玉石，稱做「綦（qí）」。爵弁是次於冕的冠，又稱雀弁。它的顏色是紅中帶黑色的，用細葛布或絲帛製作而成，形狀如雀頭，為大祭時士人與樂人所戴。

．笄

一種在佩戴弁、冕時加於髮髻上的用具。笄較長，橫插於髻上，並穿過髮髻，然後將冕、弁別在髻上。笄後代又稱做「簪」，女子由於不戴冠，只用笄、簪固定髮髻。為了區別起見，固定冕弁之具稱做橫笄，固定頭髮的稱做髮簪。

．幘

古代庶人不能戴冠，只能戴幘。幘就是包髮的巾，平民百姓所戴之幘一般是黑色或青色的，因此稱百姓為黔首（黔即黑色），是從頭

衣顏色來區別的。

· 陌頭

又稱綃（xiāo）頭、絡頭、帕頭。就是從前包至後，在前額上打結，與今天陝北農民以羊肚手巾包頭相類似。後代改稱為幞（fú）頭。

· 帽

據說是沒有冠冕之前的頭衣。古時的帽只是一種便帽，後來帽則成為一種正式的頭衣。以上的稱長襦，到腰的稱短襦。

· 足衣

鞋、襪的統稱。鞋古稱履，又稱舄（xì）。後加以分別，單底的稱履，復底的稱舄。舄一般在履下再加木底，可走濕地。起初為帝王大臣所穿。鞋原是上繫帶子的，革製。鞋常寫做（xié）。上古鞋分革製、絲製、麻製、草製四種。統治階層穿革履絲鞋，貧士穿芒鞋。芒鞋，即草鞋，又稱（jué）。下層勞動者則只能跣（xiǎn）足，即光著腳，不穿鞋襪。襪，原寫做韤，或做韈、襪，音均為「wà」。

· 履

上古時的鞋一般稱「履」。履是用草、麻皮、絲製成的。草履為夏天穿用，冬天穿的則是皮履。

· 屐

木鞋，類似現在夾趾的拖鞋，不過古代的屐前後有齒。謝靈運常

穿木屐，上山時去掉前齒，下山時則去掉後齒。後人將這種屐稱為
「謝公屐」。

· 鞮（dī）

皮鞋。又稱絡緹，就是後代的靴，是從西域少數民族傳入的。先
秦的履頭略微高起，並向後卷，到了漢代變為岐頭履。戰國末期，由
於趙武靈王提倡胡服，變履為靴。後代紛紛傚傚。

· 襪（wà）

古代的襪子。一般是用布帛、熟皮縫製的，穿襪時要用帶子繫
住。古代所謂絲襪、羅襪也是剪裁絲織品之後縫的，不是織的。

· 璜

珮飾，也做祭祀、喪葬時所用的禮器。形狀像璧的一半，玉製。

· 玦、環

珮飾。環是環形玉，玦也是環形的，但有缺口，常佩戴在身上。
而且玦還用來比喻決斷之義。

· 佩巾

又稱帨、紛帨。佩巾既是裝飾品又是日常使用的物品，是用來拭
手、擦汗、去垢用的。一般也都佩戴在身上。

・香袋

又稱容臭、香囊，內中多置放各種香草香料。

・翠眉

眉本來是黑色的，為了美觀起見，婦女往往進一步描抹，使之加黑。先秦至漢代均用黛來描眉，偶爾也描翠眉。到了南北朝時開始畫翠眉。翠眉又稱綠眉。唐代時，翠眉開始流行起來。

・額黃

魏晉南北朝時，婦女開始在額頭塗黃粉，這種風氣到了宋代仍然很流行。

・花鈿

又稱花子、媚子，是施於眉心的一種裝飾。花鈿的材料有金箔、紙、茶油花餅等，顏色有紅、綠、黃三種，以紅色居多。綠色的又稱翠鈿。

四 節日

中國古代的節日實際是古人群體活動的主要時機，古代的有些節日如花朝節，在今天已經不復存在，而多數節日今天仍然保留著。只是這些節日原先是怎麼過的，節日內容有哪些，這是很多人所不知的，還是瞭解一下吧。

·元旦

古代的元旦為新的一年的開始，猶如太陽初升，因此得名。元旦也叫元日、元朔、元春、元正、三元、三朔、三始、三朝、正朝等許多名字。元旦源於原始社會的臘祭。據說臘祭是神農氏時代的「歲終大祭」。每當一年農事完畢，為報答神恩，便於十二月舉行臘祭，實際上是對神靈的報恩，也是人們自己的慶功節、狂歡節。我國採用西元紀年後，將公曆一月一日定為元旦，將古時候的農曆元旦改稱春節。

·人日

指正月初七日。古代書中記載：「天地初開，一日雞，二日狗，三日豬，四日羊，五日牛，六日馬，七日人，八日谷。」如果這一天天氣晴朗，那麼這一天的生物就茂盛；如果陰天，就意味著有災難。在這八天裡，人們最重視的還是人日。人日這天人們剪紙人貼在屏風上，或者是將人像形首飾戴到頭上，這叫華勝或花勝。因為人像形首飾叫人勝，所以人日又叫人勝節。

·立春

我國二十四節氣之一。古代以立春為春節，標誌著春天的到來，人們開展各種活動，如掛春幡（又叫春勝、幡勝）做春盤、咬春等，來迎接春天的到來，還用鞭打春牛來表示催耕迎新。

·上元

正月十五日。道家以正月十五日為上元，七月十五日為中元，十月十五日為下元。上元之夜稱元夕、元夜、元宵。元宵有燃燈、觀燈的習俗，故又叫燈節。這一天人們以食元宵為主要食品。

· 花朝節

此節現已不復存在。原在農曆二月，具體日期，各地不一，或為二月二日，或為二月十二日，或為二月十五日。花朝節的風俗有三項內容，一為賞紅，二為賀誕（據說這天是百花生日），三是撲蝶。又簡稱「花朝」。與花朝相對，又稱八月十五為月夕，連稱花朝月夕。

· 社日

我國古代農民祭祀社神、祈求豐年的節日。以立春後的第五個戊日為春社，立秋後的第五個戊日為秋社。古人在社日這一天，春祈豐年，秋報神功，因此又叫「祈報」。

· 寒食

清明前二日，又稱冷節、禁煙節、百日節、龍歌節。在寒食節期間要禁火，門前插柳，頭上戴柳，打毬（qiú），盪鞦韆，造餳（xíng）大麥粥等。

· 清明

二十四節氣之一。由於清明節時值仲春，是人們出外踏青遊玩的好日子。由於寒食節與清明只隔一兩日，所以寒食節的活動便一直延續到清明。如寒食節的門前插柳、祭掃祖墓等活動，也成為清明節的

主要活動。

・上巳

農曆三月上旬的第一個巳日。三國魏後固定在三月三日，故又叫三月三、重三。每逢此時，人們便去水邊，用浸泡了的香草水沐浴，以除疫病和不祥。

・端午

農曆五月五日。是仲夏第一個午日，因此叫端午，又名午日、端陽、蒲節等。傳說端午節是為了紀念屈原。屈原因遭讒言被楚懷王流放到江南，於五月初五這天投汨羅江而死，人們便在這一天以賽龍舟、吃粽子來紀念他。而且還有在門上插艾蒿、掛五綵線、斗百草等習俗。

・七夕

農曆七月初七。民間傳說牛郎織女這天晚上在天河相會。每當這天晚上，婦女們陳酒脯瓜果於庭前，用五色線，對月穿七孔針，過者為巧，叫做「乞巧」。故七月七日又叫乞巧節。

・中元

是指農曆七月十五日，道家以七月十五日為中元。根據道家的說法，這天閻羅王聚集眾鬼，分別善惡，而道家在這天日夜誦經，使眾鬼解脫，免於眾苦。所以，七月十五又稱鬼節。人們在這天給死去的親人燒紙、放河燈等。

・中秋

農曆八月十五。因為它是秋季三個月的中央，所以叫中秋（仲秋），又名月夕、清節。這天的月亮最明亮、最皎潔，因此又叫團圓節。中秋有賞月、吃月餅等習俗。

・重陽

農曆九月九日。古人以九為陽數，因而又叫重陽。重陽節的主要活動有登高、佩茱萸、飲菊酒等。

・臘日

臘是歲終祭祀百神之日。南北朝時以農曆十二月初八為臘日，因此臘日又叫臘八。傳說釋迦牟尼在成道之前苦修多年，餓得骨瘦如柴，後遇一個牧女送他乳糜，倖免一死。此後他坐在菩提樹下沉思，在十二月初八日得道。因此，寺院在這天煮粥來供佛，這粥被稱做臘八粥。此習俗一直流傳到今天。

・祭灶日

灶為灶神，民間稱做灶王爺，傳說是上帝派往民間的監護神。每年在十二月二十三日上天一次，向上帝報告人的善惡。所以民間就把十二月二十三日或二十四日定為祭灶日。

・除夕

一年中最後一天晚上。「除」為除舊布新之意。一年最後一天叫

歲除，這天晚上就被叫做除夕。除夕有吃團年飯、守歲、吃餃子的習慣。因為餃子是在除夕交子時吃的食品，故此得名「交子」，後諧音為「餃子」。

知識擴展

【鍾馗】中國舊俗貼在門首以鎮邪鬼的傳說人物。相傳唐明皇在病中，夢見一人破帽、藍袍、角帶、朝靴，捉小鬼食之，自稱進士鍾馗，考武舉沒考中，決心要消滅天下妖孽。明皇醒後，讓畫家吳道子畫成圖像，每年歲暮賜給大臣；而民間則把鍾馗像貼在門首，以示驅鬼。以後開始流行，形成風俗。

【門神】中國舊俗門上貼的神像，起源很早。最早的門神畫像是漢廣川王去疾殿門上的古代勇士成慶。到了唐朝，是唐太宗時的秦瓊和尉遲敬德的戎裝畫像。把畫像掛於門首，成為鎮邪的門神。

第七編

天文與曆法

中國古代非常注重對天象的觀測，有很連續、完備和準確的天象記錄。古代文人多有豐富的天文知識，在作品中常常寫到各種天象，所用的語言與今天不盡相同。根據天文知識編制的曆法，在中國古代種類很多，這些都與古人生活息息相關。

■ 天文學

中國古代天文學主要有以下幾方面的內容，一是觀測天象，二是研製觀測天象的儀器和裝置，三是運用包括數學在內的各種知識研究和計算日月星辰的運行規律。

・圭表

圭表是中國古代觀測天象的儀器，由圭和表兩個部件組成。直立於平地上測日影的標竿和石柱，叫做表；正南正北方向平放的測定表影長度的刻板，叫做圭。圭表測影是中國古代天文學的主要觀測手段之一。儀征銅圭表是中國現存最早的圭表。

・渾儀

渾儀，上古時稱「璿璣玉衡」，簡稱「璣衡」。我國古代以渾天說為理論基礎製造的測量天體的儀器。最初渾儀的結構很簡單，只有三個圓環和一根金屬軸。從外至內依次為子午環、赤道環、赤經環。赤經環與金屬軸相交於兩點，一點指向北天極，另一點指向南天極。

· 渾象

渾象，中國古代用於演示天象的儀器。與渾儀合稱為渾天儀。渾象最早是西漢天文學家耿壽昌創製的，而東漢張衡製造了第一台自動的天文儀器—水運渾象。北宋時蘇頌、韓公廉等人在開封設計製造的水運儀象台，是把渾儀、渾象和報時裝置結合在一起的大型天文儀器，達到歷史上渾象發展的最高峰。

· 日晷

又稱日規，利用太陽投射的影子來測定時刻的裝置。有多種形式，共同的是都有一根與地球自轉軸平行的指針。觀察這根指針在指定區域內的投影，就能確定時間。中國最早文獻記載《隋書·天文志》中提到的袁充於隋開皇十四年（574）發明的短影平儀，為「地平日晷」。「赤道日晷」的明確記載初見於南宋曾敏行的《獨醒雜誌》卷二中提到的晷影圖。

· 石申

一名「石申夫」。魏國人，戰國中期天文學家、占星家。生卒年不詳，大約生活在西元前四世紀。著有《天文》八卷。西漢以後此書被尊為《石氏星經》。

· 《石氏星經》

世界上最古的星表。石申所撰，早已亡逸。相傳他所測定的恆星，有一三八座，共八八〇顆。從唐代《開元占經》中保存下來的石

申著作的部分內容看，其中最重要的是標有「石氏曰」的一二一顆恆星的坐標位置。

．甘德

戰國時星象學家。所著《天文星占》及《歲星經》，已逸，部分文字為唐《開元占經》等典籍引錄，從中可以窺知他在恆星區劃命名、行星觀測與研究等方面有所貢獻。甘德是最早認真觀測木星和研究木星的名家，所著的《歲星經》是關於木星的專著。

．僧一行（673-727）

本名張遂，唐開元時期（713-741）的重要科學家。創製了黃道游儀、水運渾天儀等大型天文觀測儀器和演示儀器。在實測和計算中，一行創造了不等間距的二次內插法公式，這是世界數學發展史上的一項重要成果。一行在比較正確地掌握了太陽在黃道上視運行速度變化的規律之後，編制了《大衍曆》，將古代曆法向前推進了一步。

．郭守敬（1231-1316）

字若思。邢台（今屬河北）人。元代著名天文學家、數學家、水利專家和儀器製造家。其天文學成果，突出體現在他與王恂、許衡等人共同編制的《授時曆》中，這部曆法是我國古代施行最久的曆法。他同時是水利工程專家，提出並完成了自大都到通州的運河（即白浮渠和通惠河）工程。

三 天象

天象即天文現象，這是古代科學家和文學家都很有興趣的自然現象。科學家觀測天象，從而研究它，就有了天文學的發展；文學家觀察天象，藉助想像的參與，產生了許多瑰麗神奇的文學華章。

· 星宿

即星座。星空中看起來形成某種形態的任一星群。

· 二十八宿

又叫「二十八舍」或「二十八星」，是古人為觀測日、月、五星運行而劃分的二十八個星區，用來說明日、月、五星運行所到的位置。每宿包含若干顆恆星。二十八宿的名稱，自西向東排列為：東方蒼龍七宿（角、亢、氐、房、心、尾、箕），北方玄武七宿（斗、牛、女、虛、危、室、壁），西方白虎七宿（奎、婁、胃、昴、畢、觜、參），南方朱雀七宿（井、鬼、柳、星、張、翼、軫）。

· 四象

古人把東、北、西、南四方每一方的七宿想像為蒼龍、玄武、白虎、朱雀四種動物形象，叫做四象。

· 東官蒼龍

東方七宿如同飛舞在春末夏初夜空的巨龍，故稱。

・北官玄武

北方七宿似蛇、龜出現在夏末秋初的夜空，故稱。

・西官白虎

西方七宿猶猛虎躍出深秋初冬的夜空，故稱。

・南官朱雀

南方七宿像一隻展翅飛翔的朱雀，出現在寒冬早春的夜空，故稱。

・分野

古代占星家為了用天象變化來占卜人間的吉凶禍福，將天上星空區域與地上的國州互相對應，稱做「分野」。具體說就是把某星宿當作某國或某州的分野，或反過來把某國或某州當作某星宿的分野。

・昴（mǎo）宿

西方白虎七宿的第四宿，由七顆星組成，又稱旄（máo）頭（旗頭的意思）。

・參商

「參」指西官白虎七宿中的參宿，「商」指東官蒼龍七宿中的心宿。參宿在西，心宿在東，二者在星空中此出彼沒，因此常被用來比喻人分離不得相見。

・壁宿

指北官玄武七宿中的第七宿，由兩顆星組成，因其在室宿的東邊，很像室宿的牆壁，又稱東壁。

・流火

流，下行；火，指大火星，即東官蒼龍七宿中的心宿。

・北斗

又稱「北斗七星」，指在北方天空排列成斗形（或杓形）的七顆亮星。七顆星的名稱是天樞、天璇、天璣、天權、玉衡、開陽、搖光。它們排列如斗杓，故稱「北斗」。根據北斗星便能找到北極星，故又稱指極星。

・北極星

星座名，是北方天空的標誌。古人認為它固定不動，眾星都圍著它轉。其實，由於歲差的原因，北極星也在變更。周代以帝星為北極星，隋唐宋元明以天樞為北極星。

・彗星襲月

彗星俗稱掃帚星。「彗星襲月」即指彗星的光芒掃過月亮，按迷信的說法是重大災難的徵兆。

．白虹貫日

「虹」實際上是「暈」，大氣中的光學現象。這種現象的出現，往往是天氣將要發生變化的預兆，可是古人卻把這種自然現象視做人間將要發生異常事情的預兆。

．運交華蓋

華蓋，星座名，共十六星，在五帝座上，今屬仙后星。舊時迷信以為：人的命運中犯了華蓋星，運氣就不好。

．月亮的別稱

因初月如鉤而名銀鉤、玉鉤；因弦月如弓而名玉弓、弓月；因滿月如輪如盤如鏡而名金輪、玉輪、冰輪、銀盤、玉盤、金鏡、玉鏡、冰鏡；因傳說月中有兔和蟾蜍，故名銀兔、玉兔、金蟾、銀蟾、玉蟾、蟾宮；因傳說月中有桂樹，故名桂月、桂輪、桂宮、玉桂；因傳說月中有廣寒、清虛兩座宮殿，故名廣寒宮、清虛宮；因傳說為月亮駕車之神名望舒，故稱月亮為望舒；因傳說嫦娥住在月中，故稱月亮為嫦娥、素娥；因人們常把美女比做月亮，故稱月亮為嬋娟。

相關知識

【朏】音 fěi。每月初三日的月相名，指新月開始生明發光。後又用做農曆每月初三日的代稱。

【魄】同「霸」，指月始生或將滅時的微光。

· 東曦

指初升的太陽。古代神話傳說太陽神的名字叫曦和，駕著六條無角的龍拉的車子在天空馳騁。

· 天狼星

為全天空最明亮的恆星。屬於大犬座。古以為主侵掠。後以「天狼」比喻殘暴的侵略者。

· 老人星

為全天空第二顆明亮的星，也是南極星座最亮的星。民間把它稱做「壽星」。據說北方的人若能見到它，便會吉祥太平。

· 牽牛織女

「牽牛」即牽牛星，又叫牛郎星，是夏秋夜空中最亮的星，在銀河東。「織女」即織女星，在銀河西，與牽牛星相對。

· 銀河

又名銀漢、天河、天漢、星漢、雲漢，是橫跨星空的一條乳白色亮帶，由一千億顆以上的恆星組成。

· 文曲星

星宿名之一。舊時迷信說法，文曲星是主管文運的星宿，文章寫得好而被朝廷錄用為大官的人是文曲星下凡。

・天罡（gāng）

古星名，指北斗七星的柄。道教認為北斗叢星中有三十六顆天罡星、七十二顆地煞星。

・雲氣

古代迷信說法，龍起生雲，虎嘯生風，即所謂「雲龍風虎」。又說真龍天子所產生的地方，天空有異樣雲氣，占卜測望的人能夠看出。

・占星

把人的出生地、出生時間和星辰現象聯繫起來以解釋人的性格和命運，用天體的相對位置和相對運動來解釋或預言人的命運和行為。這在中國古代非常流行，中國古代天文學與占星學關係密切。世界上各個文化都有自成體系的占星學。

三 曆法

曆法即是有關年、月、日的計算方法，它以天文學和數學知識為基礎。中國古代曆法的不斷發展和創新，又對天文學和數學等學科的發展起了重要的推動作用。具體的計算方法屬於科學技術，與普通人遠些，但曆法成果，從來都與每一個人的生活息息相關。如果不懂基本的曆法知識，很多古書都讀不好。

・三大曆法系統

地球自轉一週的時間為一日，月亮繞地球公轉一週為一月，地球繞太陽公轉一週為一年。地球繞太陽一週是地球自轉一週的三六五倍多一點，相當於月亮繞地球一週的十二次再加十一日多一點；月亮繞地球一週是地球自轉一週的二十九倍多一點，不同的計算方法就構成不同的曆法。各種曆法可分為三大系統，即陽曆、陰曆和陰陽合曆。陽曆系統以地球繞太陽公轉的週期為基礎來計算，陰曆系統以月亮繞地球公轉的週期為基礎來計算，陰陽合曆則把兩種週期加以調和後來計算。現在國際通用的曆法是陽曆，中國人又稱之為公曆，其紀年的起算為假定的耶穌降生之年。中國民間現還用農曆，又俗稱之為陰曆，但它實際上屬於陰陽合曆。中國古代的曆法基本上都屬於陰陽合曆。

・農曆

我國長期採用的一種傳統曆法，它以朔望的週期來定月，用置閏的辦法使年平均長度接近太陽回歸年，因這種曆法安排了二十四節氣以指導農業生產活動，故稱農曆，又叫中曆、夏曆，俗稱陰曆。

・二十四節氣

古人根據太陽一年內的位置變化以及引起的地面氣候的演變次序，設置二十四節氣以反映四季、氣溫、物候等情況。每月月首有「節氣」，月中有「中氣」。二十四節氣的名稱和順序為：立春、雨水、驚蟄、春分、清明、穀雨、立夏、小滿、芒種、夏至、小暑、大

暑、立秋、處暑、白露、秋分、寒露、霜降、立冬、小雪、大雪、冬
至、小寒、大寒。

· 古四分曆法

春秋戰國時期各諸侯國主要使用的曆法。這一曆法規定：十九年
閏七次，即十九年中共有二三五個月（19×12＋7）。古四分曆的出
現，標誌著陰陽曆完成了從不穩定的、帶有某種隨意性的形態向明確
的、規整的形態的過渡。

· 歲首

夏曆以正月為歲首，稱「建寅孟春之月」；殷曆以十二月為歲
首，稱「建丑季冬之月」；周曆以十一月為歲首，稱「建子仲冬之
月」；秦曆以十月為歲首，稱「建亥孟冬之月」。漢初承秦曆，漢武
帝時改行太初曆，以夏曆正月為歲首。從此之後，中國曆法就以寅月
為歲首，一直沿用到現在。

知識鏈接

【三正】「正」指正月，三正為夏正、殷正、周正。秦漢以前各
諸侯國的曆法，大體相同，但因正月的不同確定構成三個系統。周正
以十一月為歲首，殷正以十二月為歲首，夏正以正月為歲首。三種曆
法，三種正月，因此得名「三正」。

· 太初曆（三統曆）

漢武帝天初元年（前 104），確定以落下閎、鄧平等人的「八十

一分律曆」為新定曆法，稱為太初曆。確定一月為 29.53086 日，一年設立二十四節氣，每節氣長 15.21875 日。恢復夏曆以建寅之月為歲首。這一曆法後經西漢末劉歆改造，成為三統曆，這是我國現存第一部完整的曆法。太初曆仍然為十九年七閏，首次規定以不包含中氣的月份定為閏月。

· 乾象曆

東漢後期著名的天文學家劉洪（約 135-210）經過二十多年的潛心觀測研究，在西元二〇六年完成乾象曆。乾象曆計算出每年為 365.2468 日，又明確定出了月亮兩次通過近地點的時距為 27.5534 日。一般認為，乾象曆是我國古代曆法體系趨於成熟的一個里程碑。

· 大明曆

南朝宋科學家祖沖之（429-500）研究完成。規定每年長度為 365.2428 日，這是我國古代所用的最佳值之一。確定了十分準確的新閏週：391 年 144 閏。這是我國古代得到的最佳閏週。

· 大衍曆

唐代僧一行（683-727）所撰。《大衍曆》結構合理、邏輯嚴密、體系完整，成為後世曆法體例的楷模。它提出了許多新算法，把原先僅適合京師的曆法，全面推廣為真正的全國性曆法。

· 授時曆

元代郭守敬等人研究完成，這是中國古代創製的最精密的曆法。

授時曆中考證了七項天文數據，又計算出五項新的數據。在數學方面，授時曆的推算中使用了郭守敬創立的新數學方法。

・癸卯元曆

明朝徐光啟和外國傳教士受命，結合西方天文理論修訂新曆法，耗時十年而成。時憲曆，在清朝建立後又作了修訂。乾隆七年（1742）頒行，因以雍正元年癸卯為元，史稱癸卯元曆。此曆以 33 年為週期來設置閏年，前 28 年每四年設一閏，第 33 年設一閏，共設 8 閏，折合一年為 365.2424 日，比現行的格里高利曆還精確。一九一一年，中國官方開始使用公曆，而民間使用的農曆，仍依據癸卯元曆。

・帝王紀年

我國古代的紀年有多種方式，最簡單的是帝王紀年，即以帝王即位之年為元年，依次為二年、三年，直到他出位為止。我國古文獻中記載的最早的具體紀元時間是西周時的共和行政元年，即西元前八四一年。此後，每一帝王都有明確的紀元，如西元前七七〇年為周平王元年，西元前二〇六年為漢高祖元年。

・年號紀年

漢武帝時開始使用年號，從此有了年號紀年。西元前一四〇年即是漢武帝建元元年，西元前一三四年為漢武帝元光元年。古代文史書籍中年號紀年，是非常普遍的。要弄清楚某個年號對應的西元，可以查閱《現代漢語詞典》等工具書所附的《中國歷史紀元表》。

· 干支紀年

　　干支紀年始於漢代，多與年號紀年並用。干支指十天干與十二地支，十天干即甲、乙、丙、丁、戊、己、庚、辛、壬、癸，十二地支即子、丑、寅、卯、辰、巳、午、未、申、酉、戌、亥。天干和地支相互交錯組合，構成六十個復合符號，稱為六十花甲或六十甲子。古代史書的紀年，年號與干支並用，如南宋淳熙元年（1174），又可以寫做淳熙甲午，還可以寫做淳熙元年甲午。

知識點擴展

六十甲子表

1.甲子 2.乙丑 3.丙寅 4.丁卯 5.戊辰 6.己巳

7.庚午 8.辛未 9.壬申 10.癸酉 11.甲戌 12.乙亥

13.丙子 14.丁丑 15.戊寅 16.己卯 17.庚辰 18.辛巳

19.壬午 20.癸未 21.甲申 22.乙酉 23.丙戌 24.丁亥

25.戊子 26.己丑 27.庚寅 28.辛卯 29.壬辰 30.癸巳

31.甲午 32.乙未 33.丙申 34.丁酉 35.戊戌 36.己亥

37.庚子 38.辛丑 39.壬寅 40.癸卯 41.甲辰 42.乙巳

43.丙午 44.丁未 45.戊申 46.己酉 47.庚戌 48.辛亥

49.壬子 50.癸丑 51.甲寅 52.乙卯 53.丙辰 54.丁巳

55.戊午 56.己未 57.庚申 58.辛酉 59.壬戌 60.癸亥

· 歲星紀年

　　歲星（木星）繞太陽公轉一週約十二年（實際為 11.8622 年），

古人把歲星運行的軌道（稱之為「黃道」）劃分為十二等分，稱為黃道十二宮。自左至右將此十二等分命名為星紀、玄枵（xiāo）……析木等。木星每運行一次，大約相當於地球公轉一週，如木星運行到析木的這年，可記為「歲在析木」，這叫歲星紀年。

・太歲紀年

由於歲星紀年有較大誤差，只在春秋中期使用過，後來為了修正這一誤差，又發明了太歲紀年法。此法與干支紀年可直接對應，如寅為攝提格，甲為閼（è）逢，「閼逢攝提格」就是甲寅年的別名。《資治通鑑》第一卷說「起著雍攝提格，盡玄黓（yì）困敦」，是說起於戊寅年，止於壬子年。具體對應方法見於《爾雅》。

・干支紀月

由於十二地支正好與十二相配，古人把冬至所在之月（十一月）稱為「子月」，次月即為「丑月」，正月為「寅月」。若用干支紀月，則有個規則：逢甲或己的年份，正月為丙寅，二月為丁卯，以此類推；逢乙或庚之年，正月為戊寅；逢丙或辛之年，正月為庚寅；逢丁或壬之年，正月為壬寅；逢戊或癸之年，正月為甲寅。

・干支紀日

古人紀日只用干支，如《舊唐書・太宗本紀》記唐太宗駕崩的時間為貞觀二十三年（649）五月己巳。古代文獻所記載的日子與西元對應哪天，可以查閱陳垣先生所編的《二十史朔閏表》（中華書局1999 年重印版）。此書記載了自漢高祖元年（前 206）到一九四〇年

間每年每月每一個朔日（即初一）的干支。

· 十二時辰

古人將一天分為十二時辰，每個時辰為兩小時，用十二地支命名，分別為：子時，又名子夜、中夜，相當於北京時間 23 時至次日凌晨 1 時；丑時，雞鳴，又名荒雞，相當於 1 時至 3 時；寅時，又稱平旦、黎明等，相當於 3 時至 5 時；卯時，為日出時，又名日始、破曉等，相當於 5 時至 7 時；辰時，古人稱為早食或朝食之時，相當於 7 時至 9 時；巳時，又名隅中、日禺，相當於 9 時至 11 時；午時，又名日中、日正、中午等，相當於 11 時至 13 時；未時，又名日昳（dié），相當於 13 時至 15 時；申時，又稱日晡、夕食，相當於 15 時至 17 時；酉時，又名日落、日沉、傍晚，相當於 17 時至 19 時；戌時，又名日夕、日暮、黃昏、日晚等，相當於 19 時至 21 時；亥時，又名人定、定昏等，相當於 21 時至 23 時。

· 五更

又稱五更、五鼓。古時，由於平民百姓家沒有精確的記時儀器，晚上掌握時間很難，為解決這一問題，古代設立了打更制度。更夫根據官府標準的刻漏時間，用打梆子或擊打更鼓的方式宣告時間。把夜晚分成五個時段，打一更時為 19 時至 21 時，三更時為 23 時至次日凌晨 1 時，五更時為 3 時至 5 時。「三更半夜」一詞就由此而來，但「更闌」或「更深」的說法，不是精確的時間概念，只是夜深的文雅說法。

相關知識

【初陽】約在農曆十一月，冬至以後、立春以前的一段時間。此時陽氣初動，故稱「初陽」。

【四時】指春夏秋冬四季。農曆以正月、二月、三月為春季，分別稱做孟春、仲春、季春；以四月、五月、六月為夏季，分別稱做孟夏、仲夏、季夏；秋季、冬季以此類推。

【朔】每月初一稱為朔。這時的月亮叫新月，僅露一線。

【晦】每月的最後一天叫晦。晦為月盡之意，這天夜裡看不見月亮。

【望】每月的十五稱為望日，這天天空出現滿月。次日稱為既望。

【上弦】月亮和太陽成九十度角叫弦。月亮在太陽東面九十度時的月相叫上弦，上弦指每月的初七或初八。這時，月亮一半明亮，明亮的一半朝西方。

【下弦】月球在太陽西面九十度，明亮的一半朝向東方。下弦指22日或23日。

【社日】古時候人們祭祀土地神的日子。民俗中有春秋兩祭，稱為春社和秋社。

【社鼓】即指社日祭祀土地神的鼓聲。

昌明文庫·悅讀國學　A0602012

中國傳統文化常識　上冊

作　　　者	林良浩
版權策畫	李　鋒
責任編輯	楊家瑜
發 行 人	陳滿銘
總 經 理	梁錦興
總 編 輯	陳滿銘
副總編輯	張晏瑞
編 輯 所	萬卷樓圖書股份有限公司
排　　　版	菩薩蠻數位文化有限公司
印　　　刷	維中科技有限公司
封面設計	菩薩蠻數位文化有限公司

出　　　版　昌明文化有限公司

桃園市龜山區中原街 32 號

電話 (02)23216565

發　　　行　萬卷樓圖書股份有限公司

臺北市羅斯福路二段 41 號 6 樓之 3

電話 (02)23216565

傳真 (02)23218698

電郵 SERVICE@WANJUAN.COM.TW

大陸經銷　廈門外圖臺灣書店有限公司

　　電郵 JKB188@188.COM

ISBN 978-986-496-208-2

2018 年 1 月初版

定價：新臺幣 280 元

如何購買本書：

1. 轉帳購書，請透過以下帳戶

　　合作金庫銀行　古亭分行

　　戶名：萬卷樓圖書股份有限公司

　　帳號：0877717092596

2. 網路購書，請透過萬卷樓網站

　　網址 WWW.WANJUAN.COM.TW

大量購書，請直接聯繫我們，將有專人為您

服務。客服：(02)23216565 分機 610

如有缺頁、破損或裝訂錯誤，請寄回更換

版權所有·翻印必究

Copyright©2016 by WanJuanLou Books CO.,
Ltd.All Right Reserved　**Printed in Taiwan**

國家圖書館出版品預行編目資料

中國傳統文化常識 / 林良浩著.-- 初版.-- 桃
園市：昌明文化出版；臺北市：萬卷樓發
行, 2018.01

　面；　　公分.--(昌明文庫. 悅讀國學)

ISBN 978-986-496-208-2(上冊:平裝)

1.中國文化　2.通俗作品

541.262　　　　　　　　　　　　107001914